KB192704

사회 보드게임북

사회 보드게임북

초판 1쇄 발행 2020년 9월 23일
초판 5쇄 발행 2023년 12월 26일

지은이 박찬정·박점희
펴낸이 이범상
펴낸곳 (주)비전비엔피·애플북스

기획 편집 차재호 김승희 김혜경 한윤지 박성아 신은정
디자인 최원영 이민선
마케팅 이성호 이병준
전자책 김성화 김희정 안상희
관리 이다정

주소 우) 04034 서울특별시 마포구 잔다리로7길 12 (서교동)
전화 02) 338-2411 | **팩스** 02) 338-2413
홈페이지 www.visionbp.co.kr
이메일 visioncorea@naver.com
원고투고 editor@visionbp.co.kr
인스타그램 www.instagram.com/visionbp
포스트 post.naver.com/visioncorea

등록번호 제313-2007-000012호

ISBN 979-11-90147-30-9 14370
      979-11-90147-31-6 (set)

교육과 만난 보드게임북 시리즈 1

사회 보드게임북

박찬정 · 박점희 지음

애플북스

이 책에 대한 추천사

가르침과 배움! 그 과정의 상호작용, 함께 협력한 수업에서의 집단지성을 꿈꾸는 선생님들에게 이 책을 추천합니다. 이런 수업을 처음 접하는 선생님들이라면 실제 수업 사례에 놀랄 것이고, 활동 수업 경험이 있는 선생님들이라면 이 책의 치밀한 구성에 감탄할 것입니다. 마치 요리 레시피처럼 쉽게 따라 할 수 있는 이 책을 읽고 실천해 본다면, 재미있고 효과적인 수업이 희망 사항이 아닌 현실로 눈앞에 펼쳐질 것입니다.

김응현_세종특별자치시교육청 장학사

"어떻게 하면 재미와 배움의 의미 두 가지를 모두 잡을 수 있을까?"
학교 현장에서 선생님의 수업 고민은 끝이 없습니다. 오랫동안 현장에서 다양한 체험 및 게임 수업 방법으로 학생 중심의 활동 수업을 고민하며 함께 수업 나눔을 실천하는 수업 크리에이터 박찬정 선생님의 《사회 보드게임북》이 이 질문의 해답을 제시해 줍니다.
초·중·고등학교 수준에 맞게 활용할 수 있도록 구성된 이 책은 우리 선생님들이 학습 및 배움 주제를 고려하여 현장 상황에 맞게 적절히 활용한다면 수업의 본질을 잊지 않으면서도 재미 + 배움의 의미를 동시에 잡을 수 있을 것이라 생각됩니다.

박정옥_경기도포천교육지원청 장학사

학생뿐 아니라 교사라면 누구나 재미있는 수업을 원한다. 재미는 몰입이고, 몰입은 곧 배움으로 이어지지만 우리 수업은 여전히 진지하고 재미없다. 다행히도 내 앞에는 16년 수업 장인이자 뇌섹남인 박찬정 선생님의 책이 한 권 놓여 있다. 대한민국 사회 교사를 대표하는 박찬정은 곧 브랜드다. 그를 믿고 하나씩 실천해보자. 곧 여러분의 수업은 게임처럼 재미있어지고 레벨업이 되어 다양한 아이템으로 가득 찰 것이다

최경철_예봉중학교 교사

언택트 시대에도 변하지 않는 교육의 본질, 학습자의 흥미를 유발하고 그 속에서 스스로 개념을 찾는 교육이야말로 최고의 교육이다. 게이미피케이션은 이런 교육을 위한 최적의 학습 방법이다. 이 책을 발간한 박찬정·박점희 선생님은 대한민국 교육계에서 게임 수업으로는 자타공인 최고의 자리에 오르신 분들인 만큼 선생님들의 게임에 대한 갈증을 시원하게 풀어줄 것이다. 지금 바로 게이미피케이션의 바다로 빠져보자.

양성혁_샛별중학교 교사

아직까지도 학교 수업시간에 학생들이 잠을 자거나 수업을 듣지 않는 경우가 많다. 아이들을 만나면 여전히 그들은 내게 '이거 배워서 뭐에 쓰나요?'라고 묻는다. 어린 시절에 배웠던 수업 내용이 재미없고, 우리의 현실과 동떨어져 있다는 생각 때문일 것이다. 이런 아이들을 볼 때마다 나의 중학교 시절의 사회 시간이 생각나곤 한다. 그리고 선생님의 게임이 그 시절 우리만의 전유물이 아니라 많은 교사와 학생에게도 활용되어, 그 시절의 우리처럼 수업시간의 내용이 재미있고 쉽게 우리의 이야기로 느껴졌으면 한다.

한혜원_서울대 경영학과(박찬정 선생님 제자)

선생님의 책과 자료들은 단순 지식만 전달하는 교과서와는 전혀 다른 매력이 있다. 어렵고 복잡하게만 느껴지던 단어들이 게임 속 용어가 되어 다가와 훨씬 흥미롭게 느껴지고, 사회 과목에 대한 본능적 거부감을 낮춰준다. 이 책을 통해 단순히 사회에 대한 관심뿐만 아니라 세상을 살아가는 인간으로서 기본적으로 갖추어야 할 지식을 얻을 수 있는 계기가 될 것이라 생각한다.

강지오_서울대 식품영양학과(박찬정 선생님 제자)

단순한 흥미 추구를 넘어 수업 교구로서 활용되길

재미와 의미라는 두 마리 토끼를 수업에서 모두 잡고 싶어 하시는 선생님이 많다. 하지만 말이 쉽지, 두 마리 토끼를 모두 잡기란 결코 쉬운 일이 아니다. 다양한 수업 방법이 소개되고 유행하지만, 모든 상황에 적용하기에는 쉽지 않으며, 그저 상황별로 필요한 수업 방법이 존재할 뿐이다.

그럼에도 게임 활용 수업을 즐겨 하는 이유는, 게임이 가진 매력 때문이다. 게임에 관해 이론적인 이야기를 하기에 앞서, 우선 게임은 재미있고, 반복적으로 할 수 있으며, 정교하게 구성하면 의도한 목표를 달성하는 데 유리하다. 그만큼 게임을 활용한 수업은 매력적인 장점이 있다.

그런데 왜 수업 활동으로 게임을 많이 활용하지 않을까? 그 이유는, 게임이 재미는 있지만, 의도된 학습 및 주제를 정확하게 다루거나 배움 주제와 딱 맞아 떨어지는 게임이 많지 않기 때문이다.

저자들이 게임을 만들어 보자고 생각한 것은 바로 이런 문제점에 공감했기 때문이다. 재미있으면서도 학습 주제를 배우기에 알맞은 활동으로 게임을 제작할 수 있다면, 선생님과 학생 모두에게 큰 도움이 될 것으로 믿었다. 그래서 2007년부터 이러한 목적에 맞는 게임을 꾸준히 개발해서 현장에 활용하고 있다.

저자들이 초기에 만든 게임은, 유년시절에 많이 했던 부르마블을 모티브로 삼았다. 학생들은 이러한 게임 활용 수업을 일반 수업보다 재미있어했지만, 여러 가지 문제점도 발견되었다.

첫째, 게임판과 주사위를 이용한 게임을 지속할 경우 흥미를 떨어뜨릴 수 있다. 둘째, 성취 기준의 달성과 재미라는 두 가지 목표를 충족하기 어렵다. 셋째, 준비가 많고, 교실 현장에서 적용하기 어렵다.

이 같은 문제를 해결하려면 교육 현장과 게임을 모두 아우르는 현장 전문가가 게임을 개발해야 한다고 생각한다. 즉 배움과 재미라는 두 가지 요소를 잡고, 각 교육과정을 바탕으로 수업을 재구성하고, 평가와 기록의 경험을 갖춘, 게임과 교육을 모두 이해하는 전문개발자가 필요하다.

마지막으로 학교 현장은 게임이 진행되는 일반적인 모습과 다르다. 일회성으로 이루어지는 게임이 아니라, 교실의 모둠 상황, 수업 시간, 학생 수 등 고려할 것이 많다.

이 책에서 다룰 게임들은, 이 같은 문제점을 오랫동안 고민한 현장 전문가의 성과물이다. 단순히 오락이나 흥미를 추구하는 것이 아니라, 수업의 교구로서 개발되어 오랜 시간 동안 학교 현장에서 활용하면서 지속적으로 다듬어온 것이다. 더불어 전국의 수많은 동료가 경험한 내용에 대해서 피드백과 조언을 아끼지 않은 집단 지성의 산물이다.

이 책에서 소개하는 게임이 완벽하거나 충분하지는 않겠지만, 더욱 나은 교육적 도전을 위한 디딤돌이 되어 교육 현장에서 유용하게 활용되기를 바란다.

2020년 9월

저자 박찬정 · 박점희

차례

학습 목표

세계 각 지역을 기후에 따라 ~~분~~
체험한다.

최초의 학습용 보드게임 북!

→ 학습 목표를 확인하자

준비물(활동자료는 58쪽 참조)

기후월드 카드 10종 80장, 조커 ㅋ

→ 뒷면에 준비된 활동자료를 잘라 준비한다.
이때 카드 사이즈에 맞는 OPP 비접착 봉투가
있다면 금상첨화. 두고두고 쓸 수 있는
교구를 갖게 된다.

학습 도움말

1. 게임의 난이도 조정하기

→ 학습 도움말을 참고하여 학습 절차에 따라
진행하자. 사전 사후 교육에 대한 안내도
소개하고 있으니 꼼꼼히 확인!

학습 정리

기후월드 게임

→ 제대로 학습이 되었는지 확인이 필요하다.
그렇다면 학습 정리 페이지를 복사해서
나누어주자.

평가 루브릭

 교사 관찰 체크리스트

수업을 마쳤다면, 스스로 평가하고, 동료 평가도 하고, 교사 관찰도 남기자. 학생 수 만큼 복사하여 사용하면 된다.

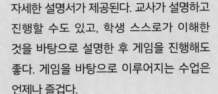

기후월드 게임 설명서

자세한 설명서가 제공된다. 교사가 설명하고 진행할 수도 있고, 학생 스스로가 이해한 것을 바탕으로 설명한 후 게임을 진행해도 좋다. 게임을 바탕으로 이루어지는 수업은 언제나 즐겁다.

 보드게임은 오프라인에서만 가능하다고?

편견을 깨자. 온라인 수업에서도 다양하게 활용할 수 있다.

1. 온라인 수업에서 다양한 기후월드 카드를 보여주고, 기후 맞히기 게임을 해보자.

   잘 맞힌다면, 난이도를 높여 구분되지 않은 기후피자 카드로도 게임을 해보자.

2. 기후월드 카드 몇 장을 샘플로 보여주고, 학생들이 직접 기후의 특징을 조사하고 카드를 만들게 하자.

3. 기후피자 카드 4~5장을 보여주고 공통점을 발견하게 하거나 차이점을 바탕으로 다른 기후에 해당하는 카드를 찾는 게임은 학생들의 사고력까지 키워줄 수 있다.

4. 온라인에서 세계문제 카드를 선택하게 한 후, 해결을 위한 국제적 노력에 대해서 함께 살펴보고 발표할 수 있다. 또한 국가 카드로 선택된 나라가 해당 세계문제에 대해서 어떤 입장을 취할지에 대해서도 예측하고 토의해볼 수 있다.

1장

교육에
게임을 더하다

교육자가 직업인 두 저자의 공통점은 게임으로 수업을 한다는 것이다. 저자들은 이러한 수업을 통해 학습자의 참여도를 높이고, 배움의 목표 달성과 문제해결력 향상에 도움이 된다는 것을 느껴 게임을 더욱 다양하게 활용하고 있다.

　　두 저자는 처음부터 게임 개발자가 아니었고, 게임으로 수업하기를 위해 체계적인 연수를 받은 적도 없었다. 다만, 오래전부터 보드게임을 즐겼고, 학습자의 참여도를 높이기 위해 우리가 즐기던 보드게임을 수업에 접목하면서 지금에 이르게 되었다. 이렇게 말하면 두 저자가 게임에 관한 재능을 타고났다고 오해할 수도 있다. 이 이야기를 서두에 밝히는 것은, '누구나 게임을 쉽게 만들 수 있다.'라는 말을 하기 위해서다. 두 저자가 게임으로 수업하기 위해 스스로 공부하면서 익힌 것과 게임을 수업에 활용한 노하우를 펼쳐보고자 한다.

- **얀 클라브베르스**Jan H. G. Klabbers**의 게임 정의**

  일정한 규칙하에서 문제를 풀어가며 상대방을 이기기 위해 노력하는 기술, 지식, 기회

  가 포함되는 활동이다.

게임의 정의는 사전마다 조금씩 다른데, 원래 오락, 유희 등의 뜻으로 풀이되었다. 현재는 규칙을 정해 승부를 가리는 놀이로 보는 견해가 많다. 이러한 게임은 정적인 게임과 동적인 게임으로 나뉜다. 전자에는 보드게임·디지털 게임 등이 속하고, 후자에는 술래가 도망자를 태그하는 태그 게임과, 특정한 목표를 향하여 물체를 던지거나 굴리는 타깃 게임과 같이 몸을 움직이는 게임이 속한다. 게임은 날마다 발전하여 가지를 뻗고 새 잎을 내밀어, 그 장르를 구분하기 힘들 정도로 다양해졌다. 이책에서 다룰 게임은 교육의 공간과, 수업에서 부담 없이 활용 가능한 정도를 감안한 정적인 보드게임이다.

> 게임의 10가지 특성(제시 셸Jesse Schell)
>
> 1) 게임은 자발적으로 시작한다.
> 2) 게임은 목적이 있다.
> 3) 게임에는 경쟁과 대립이 있다.
> 4) 게임에는 규칙이 있다.
> 5) 게임에는 승패가 있다.
> 6) 게임은 상호작용적이다.
> 7) 게임은 도전을 제공한다.
> 8) 게임에는 내부에만 존재하는 가치가 있다.
> 9) 게임은 플레이어를 참여하게 만든다.
> 10) 게임은 닫힌 구조를 가진다.

게임의 구성요소와 배움을 위한 요소

게임을 활용하기 위해서는 게임의 구성을 이해하고, 이러한 요소를 접목하여 자료를 개발하고 보완하는 과정이 필요하다.

게임은 일반적으로 메커니즘, 스토리, 미적 요소, 기술 등으로 구성된다. 메커니즘은 게임의 절차와 규칙을 의미한다. 규칙은 게임의 흥미를 돋우고 몰입을 유도하는 중요한 요소다. 규칙은 게임의 목표와 참여자의 목표를 달성할 수 있도록 구성되어야 하는데, 이때 규칙이 너무 쉽거나 어려우면 게임의 흥미를 떨어뜨리고, 게임의 목적달성에 어려움을 준다. 그러므로 적당한 규칙으로 게임에 흥미를 유지해주고, 규칙 자체도 학습과 연관되며, 규칙을 통해 얻게 될 결과도 알 수 있도록 구성되어야 한다. 초보 게임 제작자는 규칙에 대한 경험이 부족하므로 자신이 알고 있는 한두 가지의 규칙을 반복 사용하게 된다. 이렇게 수업이 진행되면, 처음 한두 번은 재미있지만, 반복할수록 지루한 수업이 될 우려가 있다.

스토리는 게임 속에 삽입하는 배경과 사건을 말한다. 즉 게임 속 주인공이 어떠한 배경 속에서 사건의 흐름을 따라 무엇을 선택하는가에 대한 내용이다. 이것은 게임이 어디로 흘러가는가 하는 맥락 형성과 관계가 있다. 이 맥락에는 단순한 스토리 전개뿐만 아니라, 학습자의 공감과 참여를 유도할 수 있는 삶과 이슈가 녹아 있어야 한다.

미적 요소는 색, 소리, 냄새 등의 오감을 말한다. 이는 게임의 현실감을 높이고 참여자가 몰입하는 데 도움을 준다. 가령 칼싸움 장면에서 칼날이 부딪혔을 때 '챙' 하는 특유의 소리가 있어야 주의를 끌고 몰입을 유도하게 된다. 하지만 교실 내 수업용으로 만든 게임은 소리나 맛과 같은 감각에 취약하며, 특히 교사가 수업용으로 손수 제작한 게임은 더욱 그럴 수밖에 없다.

마지막으로 기술은 게임을 이루는 재료와 구성물을 말한다. 가장 쉽게 생각할 수 있는 것이 보드판과 주사위다. 이 외에도 종이, 펜, 고무줄, 타일 등 다양한 소품을 게임의 재료로 활용할 수 있다. 물론 이러한 재료를 다양하게 활용하기 위해서는 게임 제작자가 유사한 게임을 해본 경험이 많아야 한다. 그것을 바탕으로 어떤 재료를 활용했을 때 실제로 실행이 가능한지 여부를 판단할 수 있으며, 게임에서 학습자가 해도 되는 것과 하면 안 되는 것을 미리 고려할 수 있다.

즉 수업에 적합한 게임을 만들기 위해서는 규칙에 해당하는 메커니즘, 배경과 사건의 내용을 담은 스토리, 게임을 현실감 있게 만드는 미적 요소 그리고 다양한 재료인 기술을 충분히 고려해야 한다.

교육의 게임화 vs 게임기반학습

두 저자의 수업 형태는 한마디로 교육의 게임화이다. 그런데 이것이 게임기반학습과 유사하다는 견해도 있다. 그래서 게임기반학습에 대해서도 짚고 넘어가보자.

게임기반학습이란 기존의 기능성 게임을 교수학습의 매체 또는 교수학습의 환경으로 이용하여, 기존의 게임이 갖는 흥미와 재미 같은 장점을 최대한 살리면서, 각 학습 과정에 게임의 요소가 충분히 반영되는 학습 형태를 말한다. 게임을 공부의 장애물로 인식하던 시기를 지나, 학습자의 역량을 향상할 수 있는 학습 도구로 학습 인식하는 시대가 된 것이다. 게임은 학습자의 오감을 자극하고, 컴퓨터만 있다면 학습자가 언제 어디서나 즐길 수 있다는 점에서 학습 효과를 극대화할 수 있는 방법이다. 게임을 플레이하는 과정에 '재미와 교육적 효과'를 담아, 교육을 진행하는 동안 그 효과를 자연스럽게 얻는 것이다. 선진국의 경우 이미 많은 게임이 교육용으로 개발되어 있으며, 교육 현장에서도 게임을 접목한 수업의 교육적 효과에 대해서도 논의가 이루어지고 있다. 여기에서 게임이란 디지털 게임을 말하며, '마인크래프트', '군주', '어쌔신크

리드'와 같은 온라인 게임이 활용되고 있다.

반면 교육의 게임화 즉 게이미피케이션Gamification은 게임의 요소인 도전 과제, 경쟁, 점수, 보상 등을 게임이 아닌 다른 분야에 적용하는 기법이다. 게임이 아닌 것에 게임적인 사고와 게임 기법을 활용하여 참여자가 선호하는 '재미'를 바탕으로 몰입을 유도하고, 동기를 부여하며, 문제해결을 촉진하여 목적을 달성하게 한다. 게이미피케이션은 학습 경험을 교육적 경험으로 변형하는 데 사용된다. 예를 들면, 계단 이용을 촉진하기 위해 만든 피아노 계단 캠페인 등이 있다. 밟으면 소리가 나는 피아노 계단으로 동기를 유발하고, 계단을 걷게 한다는 목표를 달성했다.

게임기반학습에서 게임은 기능이나 지식을 습득하기 위하여 활용되는 반면, 게이미피케이션은 과제에 도전하게 하고, 과제 수행 후 보상을 제공하거나, 성취 수준을 나타내거나 하는 등의 게임 요소Game elements를 활용하여 학생의 활동을 촉진한다는 차이점이 있다. 또한 컴퓨터 사용 여부도 큰 차이점의 하나다.

어쨌든, 교실에서 게임을 차용하는 목적이 학습자가 활동에 참여할 동기나 의지를 높이고 학습 역량을 끌어올리기 위해서라는 점에서 게임기반학습과 게이미피케이션은 비슷하다고 할 수 있다.

학생 중심 (게임) 수업

두 저자는 '공부는 재미가 없다.'라는 편견을 깨기 위해, 그리고 '졸지 않고 수업에 참여할 의지'를 불러일으키기 위해 학생중심 수업의 일환으로 게임을 진행한다. 저자들이 진행하는 게임의 성격은 단순히 즐기기 위한 것이 아니라 수업 활동의 일환이다.

교사가 아닌 독자를 위해 교육과정의 성격을 잠깐 소개하면 다음과 같다.

2015 교육과정

가. 국가 수준의 공통성과 지역, 학교, 개인 수준의 다양성을 동시에 추구하는 교육과정이다.

나. 학습자의 자율성과 창의성을 신장하기 위한 학생 중심의 교육과정이다.

다. 학교와 교육청, 지역사회, 교원·학생·학부모가 함께 실현해가는 교육과정이다.

라. 학교 교육 체제를 교육과정 중심으로 구현하기 위한 교육과정이다.

마. 학교 교육의 질적 수준을 관리하고 개선하기 위한 교육과정이다.

교육과정의 핵심역량

가. 자아정체성과 자신감을 가지고 자신의 삶과 진로에 필요한 기초 능력과 자질을 갖추어 자기주도적으로 살아갈 수 있는 자기관리 역량

나. 문제를 합리적으로 해결하기 위하여 다양한 영역의 지식과 정보를 처리하고 활용할 수 있는 지식정보 처리 역량

다. 폭넓은 기초 지식을 바탕으로 다양한 전문 분야의 지식, 기술, 경험을 융합적으로 활용하여 새로운 것을 창출하는 창의적 사고 역량

라. 인간에 대한 공감적 이해와 문화적 감수성을 바탕으로 삶의 의미와 가치를 발견하고 향유하는 심미적 감성 역량

마. 다양한 상황에서 자신의 생각과 감정을 효과적으로 표현하고 다른 사람의 의견을 경청하며 존중하는 의사소통 역량

바. 지역·국가·세계 공동체의 구성원에게 요구되는 가치와 태도를 가지고 공동체 발전에 적극적으로 참여하는 공동체 역량

이를 실현하기 위하여 교과의 핵심 개념을 중심으로 학습 내용을 구조화하고 학습량을 적정화하여 학습의 질을 개선하도록 교육과정이 구성되어 있다. 그리고 교과 특

성에 맞는 다양한 학생 참여형 수업을 활성화하여 자기주도적 학습 능력을 기르고 학습의 즐거움을 경험하도록 요구하고 있다.

이 책에서 다룰 게임은 학생 참여 수업의 일환인 활동 중심 수업으로서 제작되었다. 배움이 없이 재미만 추구하는 활동은 의미가 없으며 배움을 위해 고통과 인내만 있고 즐거움이 없다면 진정으로 배움은 자신의 것이 되기 어렵다.

배움이 있는 수업

배움이 있는 수업을 들여다보자.

선생님 오늘은 세계의 기후를 한번 배워 보자꾸나~

학생들 기억나요! '기후는 지역의 성격 같은 것이다.' 이렇게 알려 주셨어요!

선생님 맞아! 기후는 일정한 지역에 매년 비슷하게 반복되는 기온과 강수량의 종합적이고 평균적인 상태를 말하지.

학생들 엄청 복잡한 정의예요. 그림으로 설명해 주세요.

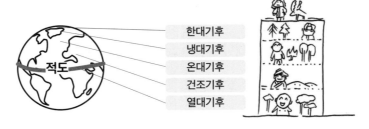

선생님 너희에게 첫 번째로 소개할 기후는 열대기후야.

선생님　열대우림이 우거져 밀림을 이루고 있지. 비는 많이 오지 않을 것 같지만, 데워진 공기가 상승해서 우리나라 소나기 같은 스콜이 매일 내려서 강수량이 풍부하지.

배움이란 자신의 생각을 만들고, 삶에 연결하며, 글로 쓰고, 발표도 하며, 친구들과 대화를 통해 형성되는 것이다. 이러한 배움은 협동 학습, PBL, 토의·토론 뿐만 아니라 게임에서도 일어난다. 결국 배움은 교사가 수업을 어떻게 디자인했는지, 학생들이 얼마나 적극적으로 참여하였는지에 따라서 그 성공의 크기가 결정된다.

활동중심 수업

활동중심 수업은 학생이 능동적이고 주체적으로 참여하는 이해와 사고의 과정을 말한다. 즉 학생이 과제를 수행함에 있어, 사고와 이해를 바탕으로 능동적으로 성취에 이르도록 하는 수업 전략이다. 활동중심 수업을 정리해보면 다음과 같다.

가. 학생들이 준비물을 가지고 학습에 능동적으로 참여한다.
나. 학생들이 수동적인 수용자 역할을 벗어나 지식을 스스로 배우고 의미를 찾는 과정이다(능동적 참여).
다. 학생들이 의미 있게 토론, 경험, 체험할 수 있는 기회와 시간을 제공하는 것이다.
라. 교사가 무엇을 할 수 있는가에서 벗어나 학생들이 준비물을 가지고 무엇인가를 하는 것이다
   (학생이 주체).

• 활동 수업은 기존의 강의중심 수업 후 암기를 해야 하는 방식에 비해, 활동을 통해 실제 이해의 과정
  을 거치므로, 학생들이 배움에 더욱 쉽게 다가갈 수 있다는 장점이 있다.

• 이해는 기억과는 달리 의미(meaning)를 만들어가는 과정이다.
• 의미란 사실과 사실, 개념과 개념의 관계성을 아는 것이다.

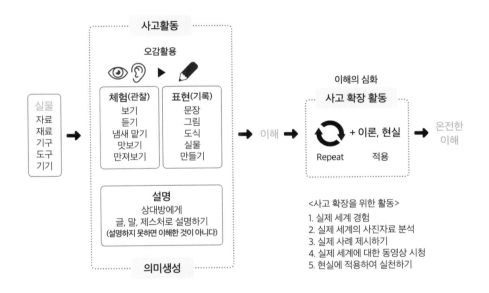

학습과정에서 경험하지 않고 보고watching, 듣고listening 필기taking notes하는 것은 이해하는 것이 아니라 뇌의 주변에 기억memorize되는 것이다. 지식을 다른 사람으로부터 듣고 그것을 정리했다고 해서 이해했다고 할 수 없다. 즉 강의를 듣고 이해했다고 생각하는

것은 착오이며, 경험(활동)을 통해서 분석하고 해석하여 학생 스스로 지식을 만들었을 때 이해했다고 할 수 있다.

게임은 직접 하는doing 활동activity으로, 체험이 이루어진다는 점에서 기존 수업이 가진 문제점을 보완할 수 있다. 직접 한다는 것은 손과 발로 만져보고, 몸으로 접촉하고 눈으로 보고 귀로 듣고 말로 해보는 것이다touching, feeling, holding, doing, practical hands-on experiences.

이 과정에서 강조점은 손으로 만져볼 수 있는 대상objects이다. 게임판, 주사위, 카드가 그것이며, 게임에 동참하는 상대방은 중요한 대상이 된다. 즉 참여자 모두가 활동의 중요한 대상이 됨으로써 상호 간의 관계를 통해 교육적 효과가 극대화되는 것이다.

일반적인 협동학습에서 상대방은 나의 학습을 위해 존재한다. 지식 및 경험상으로 우위에 있는 학생이 상대방을 돕거나 가르치는 입장에서 존재한다. 이는 자신이 알고 있는 것을 확인하고 재구성하는 정도의 효과를 얻게 되고, 이 과정에서 부족한 상대방도 기여하게 됨으로써 협력하게 된다.

하지만 게임에서 상대방은 동등한 참여자이며, 지식 및 경험의 우위가 절대적이지 않은 존재가 된다. 그래서 게임 활용 수업은 공정한 경쟁과 협력이 가능하다.

경험은 이렇게 대상으로부터 출발한다. 그것을 조작하고 다루면서 일어나는 '경험'을 통해, 아는 것을 자기 것으로 만드는 '이해'가 발생하는 것이다. 교사가 보여주고, 들려주고, 말로 하는 전달delivery, convey, transmit은 뇌의 작용brain activity이 발생하지 않는다. 직접 실행하는 과정에서 발생하는 시행착오(실수, 실패)로 내면화가 되고, 이해의 강도가 커지면서 지속성이 강화된다. 즉 학생이 게임에 임하면서 단순한 참여자가 아닌 게임의 주인공임을 인식하는 자세를 가질 때 배움과 이해의 효과는 극대화되는 것이다.

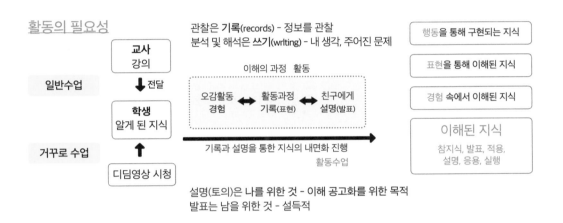

게임 활용 수업의 방향 제시

　앞에서도 이야기했지만, 학습과 배움은 가치 있는 일이다. 하지만 배움을 구성할 때 학생의 흥미를 고려하지 않아서 목표를 달성할 수 없다면 무의미해진다. 그러므로 학생의 흥미를 끌 수 있고 재미 요소가 있는 게임을 수업에 활용하는 것이다.

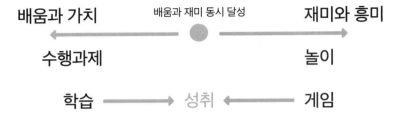

· 게임에서 찾아낸 수업 필요 요소

구성요소	내용	우리 수업에 적용해볼 점
메커니즘	규칙, 절차, 역할, 성장, 보상	· 활동 절차 및 규칙의 분명한 제시 · 핵심 재미 요소(핵심 활동) · 적절한 보상 및 피드백
스토리	사건의 흐름, 목표, 목적, 배경, 캐릭터 등	· 스토리가 있는 수업 · 탄탄한 배경 지식 및 자료 제공 · 자기 존재감(캐릭터)
미적 요소	이미지, 음향, 촉감, 맛, 느낌 등	· 활동 및 활동지를 통한 오감 만족 · 실제감, 현실성, 상상력이 충만
기술	활동 재료, 소프트웨어, 하드웨어	· 활동에 적절한 재료 필요 · 활동에 다양한 소프트웨어와 하드웨어의 조화 필요

공감/협력	학습/탐구	도전/모험	성취/완성
판타지/이야기	탐험/발견	시뮬레이션	자기 표현/감정 나눔
역할 수행/경험	극복/통제	교류/소통	보상/피드백
경쟁	자기 세계 구축 / 자아 형성	변화/혁신	휴식/치유

게임 활용 수업용 게임 제작 과정

박찬정 교사가 가장 초기에 개발하여 수업에 적용한 게임은 '무역왕'이다.

이 게임은 자원의 가격을 예측해서 사고파는 방식으로, 보드게임판과 주사위라는 공식을 탈피하기 위해서 실험적으로 만들었다. 하지만 결정적으로 준비물이 너무 많이 필요하고, 게임을 위해 이해해야 하는 규칙이 복잡하여 학급 전체 학생을 대상으로 하기에는 어려움이 있었다. 이 게임을 만들며, 학습용 게임에서 너무 많은 기술을 사용하거나 메커니즘을 적용하면 어렵다는 것을 경험했다.

다음으로 개발한 '자산 관리 보드게임'은 전통적인 보드게임 형식에 충실

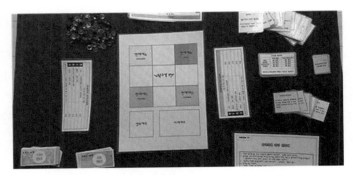

'무역왕 보드게임'의 게임판과 게임카드

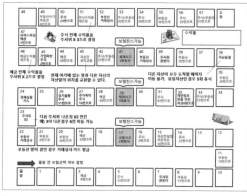

'자산관리 보드게임'의 게임판

했다.

간단하게 주사위를 굴려서 보드게임 판 위의 말(자산)을 움직이는 형태의 게임이다. 저축, 주식, 부동산이라고 쓰인 말(자산) 3개를 전략적으로 움직이게 함으로써 단순한 주사위 게임과 차별화를 꾀했다. 하지만 학생들이 사고할 수 있는 요소는 적고, 반면에 주사위를 굴려서 나오는 운에 의존하는 성격이 강했다. 이 때문에 활동을 통해서 깨달음을 얻는 수업이라기보다는, 재미있는 수업이라는 목적만 달성한 사례가 되었다.

이후 사회과 수업에서 유명한 '빨간 벽돌집 짓기' 게임이 탄생했다. 경매활동을 기반으로 희소성을 변화시키는 규칙을 활용하여 집짓기에 필요한 재료를 확보하는 게임이다. 희소성을 학습하고 그 의미를 배우는 학습 게임의 대표적인 사례로 손꼽히는 이 게임은, 수업 아이디어 공모전에 출품되었으나, 좋은 성과를 거두지 못했다. 하지만 이후에 교사 연수에서 소개되며, 선생님과 학생들로부터 폭발적인 반응을 얻었고, 실제 보드게임으로 제작되었다.

이후 시장가격 변동에 따른 전략적 배치를 배우는 '빅픽처 게임', 주사위를 이용하여 전략적 자산 운용을 체험하는 '안전맨과 모험맨의 자산관리 게임' 등이 줄지어 출시되었다.

초기 게임들은 이렇게 경제 교과의 특성을 살린 게임에 치중했다. 하지만 중학교에서 다양한 주제 관련 수업을 하면서, 경제뿐만 아니라 문화, 정치, 법, 기후, 지형 등의 주제로 넓혀갔다.

이 책에서 소개하는 기후월드 게임과 기후피자 게임은 세계 기후를 주제로 그 특징을 분류하는 활동을 고민하다가 탄생하게 되었다. 두 게임은 기후의 특징을 담은 비주얼 카드를 기반으로 하고 있다. 카드의 이미지만으로도 학습의 효과가 있지만, 카드를 반복적으로 분류하는 규칙을 통해 학습의 기능을 강화했다. 혹여 반복적인 진행이 지루할 것이

(왼쪽 위부터) '레스토랑 운영 게임', '자산관리 게임', '피시 마켓 게임', '대한민국 경제 발전사 게임', '빨간 벽돌집 짓기 게임'

라고 생각한다면, 카드놀이를 떠올려보자. 같은 카드로 반복적으로 게임을 해도 그것이 지루하다고 말하지는 않는다. 그리고 게임의 승패를 가리고, 게임을 통해 특징을 익히는 것이 점수가 된다면, 학습자는 제대로 몰입하게 되고, 자신의 것으로 만들어가게 된다. 물론 학습이 제대로 되었는지를 확인하기 위해서는 활동지를 함께 구성해야 한다. 그리고 이를 통해 학생 성장에 대한 평가도 가능하다.

2장

기후 게임

기후 게임으로 공간 학습까지

◌

　기후를 학습해야 하는 이유는 무엇일까? 기후는 한 지역의 자연환경을 형성하는 바탕이다. 아프리카 사막 지대에서는 뜨겁고 건조한 날씨가 이어지고, 지구의 아래쪽에서는 1년 내내 얼음으로 뒤덮인 추운 날씨가 이어진다. 사람들은 이러한 기후를 이용하여 여행을 하기도 한다. 추운 겨울이 오면 따뜻한 지역을 찾고, 겨울 스포츠를 즐기고 싶으면 눈이 많이 내리는 추운 지역으로 이동한다. 우리는 이러한 기후를 바탕으로 생활하며 문화를 만들어간다. 즉 기후가 문화를 만드는 것이다.

　하지만 기후를 이용하는 것은 여기까지다. 세계 여행이 자유로워진 현재를 살지만, 내가 가는 곳의 기후를 미리 제대로 알고 가지는 않는다. 그저 누군가가 '좋더라'라고 말한 '~카더라' 소식통에 따라 움직일 뿐이다. 그래서 가보지 않았거나, 관심이 적은 세계의 지리와 기후를 알기란 쉬운 일이 아니며, 학습에서도 한 번에 받아들이기 쉽지 않다.

　툰드라 기후에 관해 수업을 했을 때 일이다. 그곳 주민의 생식이나 모기떼에 대한 이야기를 하자 학생들은 큰 관심을 보였다. 하지만 며칠 후에 학생들에게 모기 사진을 보여주자 그저 모기라고 생각할 뿐 툰드라 기후와 연결지어 생각하지 않았다. 그래서 단순히 알고 암기하는 학습법에서 벗어나, 오래도록 기억할 수 있는 재미있는 학습 방법을 고민하게 되었다.

　그 결과 기후의 특징을 이미지로 기억하고, 특징을 세부적인 것까지 탐구할 수 있도록 수업을 구성했다. 특히 학생들이 흥미를 가지는 이미지를 이용하여 카드를 만들고, 수업을 게임으로 구성했더니 눈에 띄는 효과를 거두었다.

　'게임은 일단 재미가 있어야 한다.'

　교사가 학습에서 유의미한 결과를 얻을 것으로 예상하는 방법을 기획했다고 해도 학생이 참여하지 않으면 의미가 없다. 결국 학습자가 중심이 되어 재미있게 참여하는 프로그램이어야 한다. 그것이 수업의 효과를 배로 높여준다.

　자, 지금부터 학생과 사회과 선생님들로부터 검증받은 기후 분류 카드게임인 '기후월드 게임'과 '기후피자 게임'을 만나보자.

기후월드 게임

학습 목표

세계 각 지역을 기후에 따라 분류하고 구분하는 과정을 통해 여러 가지 기후의 특징을
체험한다.

- **지식정보 처리 역량**

  세계의 다양한 기후를 분류할 수 있다.

- **창의적 사고 역량**

  획득한 카드를 전략적으로 배치할 수 있다.

- **의사소통 역량**

  모둠원과의 소통을 통해서 기후 특징을 설명할 수 있다.

준비물(활동자료는 58쪽 참조)

기후월드 카드 10종 80장, 조커 카드 6장

학습절차

도입	**모둠 짓기** 참여자에 맞춰서 모둠을 구성한다. 2인 1조 또는 4인 1조가 한 모둠이 되게 구성한다. 기후에 관한 이야기로 학습의 동기를 부여한다.
진행1	세계의 다양한 기후에 대한 학습을 진행한다. 학습 과정의 마지막 5분은, 학습적 효과와 효과적인 게임 진행을 위해 스스로 정리할 시간을 준다.
진행2	**게임 목표 : 다양한 세계 기후를 구분하고, 기후의 특징을 파악한다.** **게임을 하기 전** ① 학생 4~6명이 한 모둠이 되도록 구성한다. ② 학생 수준에 따라, 게임 중에 자신의 참고 자료(노트)를 볼 수 있다. ③ '활동 자료–기후월드 게임 설명서(58쪽)'를 한 모둠에 한 장씩 주고, 게임 방법을 설명한다. ④ 게임의 난이도를 높이고 싶다면, 수업에서 필기한 참고 자료 보기를 금지하거나 조커 카드를 빼고 진행한다. **게임 진행 방법** 게임은 다음과 같은 두 가지 방법으로 진행할 수 있다. 1. 4명이 한 팀을 이루어 게임을 진행한다. 　활동 자료– 기후월드 게임 설명서를 참고하여 게임을 진행한다. 2. 한 반이 다 함께 참여한다. ① 진행은 교사가 맡고, 진행 방식은 4인 플레이 게임 규칙과 비슷하다. ② 모둠이 한 명의 플레이어처럼 하나가 되어 게임에 참여한다. 모둠의 플레이 참여 순서를 정한다. ③ 모든 팀은 게임을 시작하기 전에 조커 카드를 한 장씩 받는다. ④ 각 모둠은 모둠원의 플레이 참여 순서를 정한다. 정한 순서에 따라 한 명씩 앞으로 나와서 게임에 참여한다. ⑤ 각 모둠에서 앞으로 나온 플레이어는 교사가 펼쳐놓은 기후카드를 선택하여 모둠으로 가져간다. ⑥ 두 번째 플레이어는 모둠원과 30초~1분간 회의를 하고, 선택 할 카드를 결정한 후에 앞으로 나온다. 이후 몇 번의 플레이를 추가로 진행한다. ⑦ 모든 기후카드를 수집한 플레이어가 있거나, 일정 시간이 지나면 게임 진행을 멈추고 점수를 계산한다.
마무리	① 학생들은 옆자리의 친구가 제대로 분류했는지를 교차 검토한다. 이 과정을 통해 세계의 다양한 기후를 구분하고, 기후의 특징을 다시 한번 정리할 수 있다. ② 교차 검토 이후 활동지를 작성하고, 학습 내용을 정리한다.

학습 도움말

1. 게임의 난이도 조절하기

교사가 학습할 내용에 따라 게임에 넣을 기후카드를 선별해서 진행할 수 있다. 이렇게 하면 초·중·고 학생이 모두 게임을 할 수 있다. 또한 학생의 수준에 따라서 조커 카드를 추가하거나 빼서 게임의 난이도를 조절할 수 있다.

2. 학생들이 분류에 어려움을 겪는 경우

학습한 내용을 참고하거나, 교실 상황에 따라 검색 도구를 활용하여 탐색할 수 있다. 또는 학습 내용을 정리하는 단계에서 기후카드를 함께 활용하면, 기후를 지역별로 분류하는 게임이 조금 더 편해질 수 있다.

3. 분류 과정에서 발생하는 오류에 대해

분류 과정에서 발생하는 오류는 게임 종료 이후 교사와 함께 하는 검토와 평가를 통해서 바로잡는다. 활동지를 작성하는 단계에서 게임 중에 헷갈렸던 내용에 대해 다시 한 번 정리할 기회를 가진다.

4. 학생들이 직접 기후카드를 제작하면

이론 수업을 마친 후에 학생들이 친구들과 함께 카드를 직접 제작하여 게임을 진행할 수도 있다. 학생들은 자신이 직접 만든 카드이므로, 게임을 더욱 친근하고 재미있게 즐길 수 있다.

5. 반 전체 학생이 게임에 참여하려면

교사가 진행자가 되고, 모둠이 하나의 팀이 되어 반 전체 학생이 게임에 참여할 수도 있다. 이렇게 진행하는 수업에서 학습 효과를 높이기 위해서는 모둠별로 토의할 시간을 충분히 준다. 가져온 카드가 어떤 기후인지, 다음 플레이어는 어떤 기후카드를 가져오면 좋을지에 대해서 모둠별로 충분히 토의하도록 한다. 이 방법의 경우에는 집단 지성이 발휘되어 협력 학습도 가능하다.

6. 수행평가와 연결하려면

게임을 통해서 학습한 내용은 활동이 모두 끝난 후에 활동지에 기록하도록 한다. 학습자가 분류하여 기록한 개수에 따라서 성취 수준을 파악할 수 있다. 이같은 학습 정리 및 수행평가 과정이 있음을 미리 공지하면, 자신의 분류 활동뿐만 아니라 다른 사람의 분류 내용에 대해서 충실히 관찰하고 기록하는 효과를 기대할 수 있다.

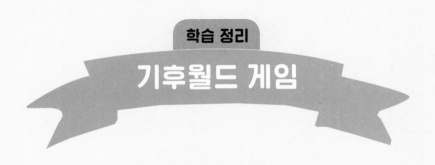

기후월드 게임

자신이 발견한 기후별 경관 및 특징을 정리해 봅시다.

구분	기후별 경관(경치) 및 특징
열대우림	
열대 사바나	
건조 스텝	
건조 사막	
온대 서안해양성	
온대 지중해성	
온대계절풍	
냉대	
한대 툰드라	
열대 고산	

나의 수준을 파악하게 해주는 성장중심 평가 리스트

구분	성취 수준	나의 수준
상	각 기후에 해당하는 내용을 6개 이상 기록한 경우	
중	각 기후에 해당하는 내용을 3~5개 기록한 경우	
하	각 기후에 해당하는 내용을 2개 이하로 기록한 경우	

✓ 평가 루브릭

자기평가 오늘 활동에서 나의 모습에 대해서 평가해 봅시다.

기능	관찰 포인트	미흡	보통	우수
조사하기	활동을 위해서 필요한 정보를 다양한 방법으로 활발히 조사했다.			
분석하기	제시된 문제 해결을 위해서 정보를 객관적이고 논리적으로 판단했다.			
추론하기	문제 해결 과정에서, 잘 모르는 문제도 배운 것을 바탕으로 유추하여 해결했다.			
탐구하기	활동하는 동안 관련 교과 지식 및 궁금한 점에 대해서 더 공부했다.			
토론하기	문제를 해결하기 위해서, 친구와 대화를 통해 서로의 의견을 활발히 교류했다.			
존중하기	문제 해결 과정에서 친구의 의견을 존중하고 경청했다.			
참여하기	모둠 활동 및 친구 간 의사소통 과정에 적극적으로 참여하여 자기 몫을 했다.			
비평하기	친구의 잘못된 정보와 문제해결 과정의 오류를 논리적으로 바로잡았다.			
의사결정하기	확보된 정보를 바탕으로 문제 상황에 대해서 명확하게 판단했다.			

동료평가 오늘 활동에서 이런 친구가 있으면 추천해 주세요.

역량	행동 포인트	해당하는 친구
창의적 사고력	게임 및 분류 과정에서 창의적인 방식으로 해석하고, 남들이 생각하지 못하는 방법이나 사실을 잘 찾는 친구, 독창적인 결과물을 만들어내는 친구.	
비판적 사고력	오류나 사실과 다른 부분을 잘 찾아내며, 잘못된 방향을 객관적으로 바로잡아 준 친구.	
문제해결력 및 의사결정력	기후카드 분류 역량이 뛰어나며, 기후가 담고 있는 핵심을 잘 파악하는 친구.	
의사소통 및 협업 능력	친구와 대화를 통해서 각자가 알고 있거나 파악한 바를 잘 교류하고, 아는 바를 친절하게 설명해주며, 잘 발표하는 친구.	
정보 활용 능력	문제 해결을 위해서 배경 지식, 참고 도서, 인터넷 등을 잘 활용하여 도움이 되는 정보를 잘 찾은 친구.	

교사 관찰 체크리스트

활동 중에 학생의 역량을 관찰해서 기록해보자.

역량	관찰 포인트	구체적 사례와 해당 학생
창의적 사고력	① 자신만의 방식으로 기후를 분류하는 독특한 안목을 지닌 경우. ② 독창적인 답을 제시하는 경우. ③ 남들이 생각하지 못하는 방법이나 사실을 잘 찾는 경우. ④ 독창적인 결과물을 만든 경우.	
비판적 사고력	① 오류나 사실과 다른 부분을 잘 파악하는 경우. ② 잘못된 분류를 객관적으로 판단하는 경우. ③ 논리적인 모순이나 타당하지 않은 것을 거부하고 다른 방향을 찾는 경우.	
문제해결력 및 의사결정력	① 기후 특징을 구분(분류)하는 역량이 뛰어난 경우. ② 기후별 특징을 잘 파악하는 경우. ③ 문제의 의도를 정확하게 짚어서 빠른 시간에 해결하는 경우. ④ 주어진 정보를 정확하게 파악하여 합리적으로 판단하는 경우. ⑤ 어려운 결정에 소신과 기준을 가지고 신속하게 판단하는 경우. ⑥ 문제를 해결하기 위해 책임감을 가지고 결정하는 경우.	
의사소통 및 협업 능력	① 각자가 아는 바를 친구와 대화로 교류하는 경우. ② 아는 것을 친구에게 친절하게 가르쳐주는 경우. ③ 아는 것을 잘 발표하는 경우.	
정보 활용 능력	① 문제를 해결하기 위해서 교과서, 참고 도서, 인터넷 등을 잘 활용하는 경우. ② 지식이나 경험을 수업과 잘 연결하는 경우. ③ 질문을 통해서 힌트를 얻어내는 경우.	

기후피자 게임

학습 목표

세계 각 지역을 기후에 따라 구분하고, 다양한 기후의 특징을 설명할 수 있다.

• **지식정보 처리 역량**

  세계의 다양한 기후를 구분할 수 있다

• **창의적 사고 역량**

  카드를 배치하는 과정에서 창의적인 결정을 할 수 있다.

• **의사소통 역량**

  모둠원에게 기후의 특징을 설명할 수 있다.

준비물(활동자료는 89쪽 참조)

기후피자 카드 8종 130매, 조커 카드 5장

학습 절차

도입	**모둠 짓기** 2~6인 1조가 한 모둠이 되게 구성한다. 게임판을 중심으로 둘러앉는다.
진행1	세계의 다양한 기후 지역에 대한 학습을 진행한다. 학습 과정의 마지막 5분은, 학습적 효과와 효과적인 게임 진행을 위해 스스로 정리하는 시간으로 정한다.
진행2	게임 목표 : 세계의 각 지역을 기후에 따라 구분하고, 다양한 기후의 특징을 설명할 수 있다. 게임을 하기 전 ① 게임판을 중심으로 둘러앉는다. ② 가위바위보를 통해 가장 먼저 진행할 플레이어와 진행 방향을 정하고, 나머지 　플레이어는 가위바위보 결과에 따라 자리를 이동하여 앉는다. ③ 참여자 한 사람당 5장의 카드를 나누어주고, 나머지는 가운데에 더미를 만든다. 게임 진행 방법 게임을 반복 플레이하여 복습 등의 학습 효과를 얻고자 한다면, 다음과 같은 다양한 방법을 활용할 수 있다. ① 학습의 효과를 높이려면 · 카드를 내려놓는 과정에서 그냥 내려놓기만 하면 학습 효과가 작다. 그러므로 　자신이 내려놓는 카드의 내용(나타내는 기후)을 주변인이 들을 수 있도록 　읽으며 내려놓는다. · 학습 효과를 더 높이려면 엉뚱한 기후에 카드를 내려놓을 경우 '높은 점수 카드 　버리기', '한 번 쉬기'와 같이 정한 벌칙을 받으면 된다. 또는 다양한 벌칙 카드로 　더미를 만들고, 이를 하나씩 뒤집어서 나오는 벌칙을 수행해도 된다. ② 플레이 순서를 정하는 방법 · 가위바위보로 1등을 가리고, 교사가 말하는 방향으로 플레이한다. · 가위바위보로 1등을 가리고, 2등이 있는 방향으로 플레이한다. · 가위바위보로 1등을 가리고, 1등이 원하는 방향으로 플레이한다. · 1등이 진행 방향을 정하고, 나머지 플레이어는 순위에 따라 자리를 바꾸어 앉는다. ③ 학생 중심 수업으로 만들기 · 처음 게임을 한다면 기본 규칙대로 진행하는 것을 권장한다. · 기본 규칙 외에도 학생의 의견에 따라 규칙을 바꿀 수 있다. 이때 게임 도중에 　이리저리 바꾸는 것이 아니라, 시작 전에 협의하여 정한 후에 플레이한다.
마무리	게임과 병행하여 학습의 정리 방법은 다음과 같이 두 가지다. ① 게임 중에 분류되는 카드를 틈틈이 활동지에 정리했다가 게임이 끝난 후에 교차 평가한다. ② 게임이 끝난 후에 개인별로 수집한 기후카드를 활동지에 체계적으로 정리하고 교차 　평가한다.

학습 도움말

1. 게임의 난이도 조절하기

교사가 학생들의 수준을 고려하여, 알맞은 카드를 선별하여 진행할 수 있다. 이렇게 하면 초등학생부터 학습이 가능하며, 이처럼 카드를 빼거나 추가하여 난이도를 조절할 수 있다.

2. 학생들이 분류에 어려움을 겪는 경우

학생들이 기후 카드 분류에 어려움을 겪을 경우 교실 상황에 따라 검색 도구를 활용하거나, 게임 전의 학습 기록을 참고하거나 또는 게임을 시작하기 전에 카드를 통해 미리 학습을 하면 된다.

3. 분류 과정에서 발생하는 오류를 해결하려면

카드를 분류하는 과정에서 오류가 발생하기도 한다. 이런 경우에 교사는 학생들의 게임을 유심히 살펴서 오류가 있는 팀이나 학생들에게 질문을 한다. 그리고 활동지를 활용하여 게임을 다시 한번 점검해 보거나, 학생들과 교차 평가를 통해 오류를 바로잡는 시간을 갖는다.

4. 학생들이 협력하게 하려면

게임 자체는 경쟁이다. 하지만 게임을 하는 과정에서 협력에 플러스 점수를 부여하거나, 카드를 읽고 내려놓는 과정에서 카드와 기후 지역을 제대로 짝짓는 것을 서로 돕도록 유도한다면 협력 학습 효과를 거둘 수 있다. 이런 경우에는 기후 분류에 자신이 없는 학생들도 자연스럽게 친구의 도움을 받으며 게임에 참여할 수 있게 된다.

5. 다른 사람들의 기후카드 내용도 살펴보게 하려면

게임을 진행하면서 학생들이 자신의 기후카드뿐만 아니라 다른 사람의 기후카드에도 관심을 가지게 하려면, 사전 공지를 통해 게임 활동 종료 이후에 활동지를 작성한다는 사실을 알려준다. 기후 지역의 특징을 다양하게 기록하기 위해서는 자신뿐만 아니라 다른 사람의 기후카드에도 관심을 가질 수밖에 없다.

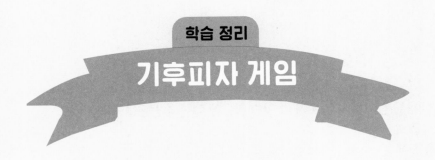

기후피자 게임

자신이 발견한 기후별 경관 및 특징을 정리해 봅시다.

구분	기후별 경관(경치) 및 특징
열대	
건조	
온대 서안해양성	
온대 지중해성	
온대 계절풍	
냉대	
한대 툰드라	
열대 고산	

나의 수준을 파악하게 해주는 성장중심 평가 리스트

구분	성취 수준	나의 수준
상	각 기후에 해당하는 내용을 6개 이상 기록한 경우	
중	각 기후에 해당하는 내용을 3~5개 기록한 경우	
하	각 기후에 해당하는 내용을 2개 이하로 기록한 경우	

 평가 루브릭

아래 내용을 참고하여 이 주제의 학습 활동에 대한 소감문을 써봅시다.

활동 주제		학번	
활동 일시	2020년 월 일 ~ 교시	성명	

아래 항목 중 3~4개 정도를 선택하여 활동 소감문을 자유롭게 작성하세요.

• 나는 이 주제 활동에서 (   ) 역할을 수행했습니다.
• 나는 이 주제 활동에서 (   )에 관한 질문을 했습니다.
• 나는 이 주제 활동에서 (   )에 대해서 배웠습니다.
• 나는 이 주제 활동 이후 (   )에 대해서 더 알고 싶습니다.
• 나는 이 주제 활동에서 (   )이(가) 가장 재미있었습니다.
• 나는 이 주제 활동에서 (   )이(가) 어려워서 도움이 필요했습니다.
• 이 주제 활동에서 나에게 가장 중요한 것은 (   )이었습니다.
• 나는 이 주제 활동에서 (   )을(를) 새롭게 발견했습니다.

활동에 대한 자기 평가

평가 영역	평가 내용	상	중	하
정의적 영역	나는 이 활동에 적극적으로 참여했다.			
	활동 과정에서 다른 사람들을 배려했다.			
	활동 과정에서 함께 분류하는 과정에 협력했다.			
인지적 영역	나는 이 활동을 통해서 세계의 다양한 기후 지역을 이해했다.			
역량 영역	다양한 기후 특징에 대한 정보를 파악하여 분류할 수 있게 되었다.			
	카드 배치 과정에서 유리한 상황을 위한 판단을 할 수 있게 되었다.			
	구성원들과의 소통을 통해서 게임을 진행하고 목표를 달성했다.			

교사 관찰 체크리스트

활동 중에 학생의 역량을 관찰해서 기록해보자.

역량	관찰 포인트	구체적 사례와 해당 학생
창의적 사고력	① 기후를 자신만의 방식으로 분류하는 독특한 안목을 지닌 경우. ② 독창적인 답을 제시하는 경우. ③ 남들이 생각하지 못하는 방법이나 사실을 잘 찾는 경우. ④ 독창적인 결과물을 만든 경우.	
비판적 사고력	① 오류나 사실과 다른 부분을 잘 지적하는 경우. ② 잘못된 방향으로 분류하는 것을 객관적으로 판단하는 경우. ③ 논리적인 모순이나 타당하지 않은 것을 거부하고 다른 방향을 찾는 경우.	
문제해결력 및 의사결정력	① 기후 특징을 구분 및 분류하는 역량이 뛰어난 경우. ② 기후별 특징을 잘 파악하는 경우. ③ 문제가 묻는 것을 정확하게 짚어서 빠른 시간 안에 해결하는 경우. ④ 주어진 정보를 정확하게 파악하여 합리적으로 판단하는 경우. ⑤ 어려운 결정에 소신과 기준을 가지고 신속하게 판단하는 경우. ⑥ 문제를 해결하기 위해 책임감을 가지고 결정하는 경우.	
의사소통 및 협업 능력	① 친구와 대화를 통해서 각자가 알거나 파악한 바를 잘 교류하는 경우. ② 친구에게 친절하게 아는 바를 가르쳐주는 경우. ③ 자신이 아는 바를 잘 발표하는 경우.	
정보 활용 능력	① 문제를 해결하기 위해서 교과서, 참고 도서, 인터넷 등을 잘 활용하는 경우. ② 자신의 경험 속에서 도움이 될 만한 내용과 잘 연결하는 경우. ③ 필요한 질문을 통해서 힌트를 얻어내는 경우.	

3장

국제사회 공존 게임

국제사회 공존 게임으로 공간 속 문제 배워보기

　인류는 다양한 어려움에 처해 있으며, 해결해야 할 과제가 한둘이 아니다. 그런데 이런 의문을 가질 때가 있다. 열대우림 파괴 문제를 해결하려면 열대우림을 더이상 파괴하지 않으면 되고, 오존층 파괴 문제를 해결하려면 오존층 파괴 물질 배출을 차단하면 되는데, 왜 세계의 여러 나라는 왜 이 문제를 해결하지 못하는 것일까?

　이 같은 의문을 풀려면, 단순히 국제관계나 개별 국가에 대해서만 이해하는 것으로는 어렵다. 국제관계 속에서 개별 국가가 어떻게 행동하는지, 문제를 해결하기 위해서는 무엇이 필요하고, 국가가 그것을 해결할 능력이 있는지, 그리고 그 문제를 해결했을 때 돌아올 혜택은 무엇인지 등을 종합적으로 고민해야 한다.

　그런데 우리는 이런 복잡한 문제에 왜 관심을 가져야 할까? 지구촌이라는 말은 이제 더는 새삼스러운 의미가 아니며, 지구 어딘가에서 일어나는 문제는 세계시민인 나의 문제가 되고 있다. 지역-국가-세계의 문제를 분리하기에는 세계화가 보편화되었고, 너의 문제가 나의 문제로 그리고 우리의 문제로 유기적으로 연결되고 있다.

　하지만 학생들에게 세계시민의 자세를 요구하기에는 아직 먼 이야기처럼 보인다. 그래서 게임을 통해 세계의 문제를 알고, 세계 문제 해결을 위한 구성원으로 참여하여, 세계시민으로서 갖추어야 할 태도를 경험하게 해보자. 물론 직접 국제기구의 의사결정에 참여한다면 더욱 좋겠지만, 현실적인 제약을 고려한다면 이러한 시뮬레이션 게임이 좋은 기회가 될 것이다.

　"세계의 문제는 융·복합적으로 이해해야 한다."

　교과목이 지리, 역사, 일반사회로 나뉘어 있더라도 결국 사회 문제는 하나로 연결되어 있음을 깨닫게 하자. 결국, 세계의 문제를 해결하기 위해서는 자신이 알고 있는 다양한 지식을 융합적으로 활용해야 한다는 점을 인식하는 것이 중요하다.

　자, 지금부터 사회의 여러 영역이 현실감 있게 융합되어 있어 세계시민의 역량을 키워볼 수 있는 '국제사회 공존 게임'을 만나보자.

국제사회 공존 게임

학습 목표

인류가 처한 다양한 국제 문제를 이해하고, 세계시민의 역할과 태도를 안다.

- **지식정보 처리 역량**

  세계의 다양한 문제를 파악할 수 있다.

- **공동체 역량**

  지역 · 국가 · 세계 공동체의 구성원에게 요구되는 가치와 태도를 바탕으로, 공동체

  발전에 적극 참여할 수 있다.

- **의사소통 역량**

  모둠원과의 소통을 통해서 목표를 달성할 수 있다.

준비물(활동자료는 141쪽 참조)

국가 카드 20장, 세계문제 카드 16장, 진행자용 점수 및 벌점표, 백지수표

학습 절차

도입	**모둠 짓기** 참여자 수에 맞추어서 모둠을 구성한다. 4~5인 참여 시 〈세계문제 카드〉의 해결비용을 1/2 반올림하여 적용한다. 6~9인 참여 시 〈세계문제 카드〉의 해결비용을 그대로 적용한다.
진행1	환경, 난민 등 인류가 해결해야 할 문제에 관한 이야기로 접근하고, 세계 각 나라가 다양한 문제를 해결하기 위해 적극적으로 나서지 않는 이유를 생각해보는 수업을 진행한다. 이때 인류의 문제를 해결하기 위해 각국이 가져야 할 태도에 대해 토의나 토론을 진행해도 좋다.
진행2	**게임 목표** : 인류가 처한 다양한 문제를 알고, 문제를 해결하기 위해서 세계시민으로서 가져야 할 태도를 함양한다. **게임을 하기 전** ① 국가 카드를 잘 섞고 이를 무작위로 한장씩 나누어 가진다. 이때 진행자가 　국가를 골고루 나누어 주거나, 모둠이 원하는 국가를 가지도록 할 수도 있다. 　다만 현실성 있는 체험을 하려면 선진국과 개발도상국, 저개발국의 역할을 　다양하게 배정하는 것이 좋다. **게임 진행 방법** 게임은 다음과 같은 두 가지 방법으로 진행할 수 있다. 1. 4~5인이 한 팀을 이루어 모둠 형태로 게임을 진행 ① 활동 자료-게임 규칙을 참고하여 게임을 진행한다. 단 〈세계문제 카드〉의 해결비용은 　모둠 구성을 참고한다. 2. 6~9인 참여 또는 한 반 전체가 참여하여 진행(한 반 참여시 4인 1조로 모둠을 구성) ① 진행자 역할은 교사가 맡고, 한 모둠이 한 개의 국가가 된다. ② 여러 명이 하나의 모둠을 이루므로, 모둠에서 합의된 문제 해결 비용 선정을 위해서 　협의하는 시간을 충분히 준다. 3. 학습 효과를 높이기 위해 ① 자신이 맡은 국가를 조사하는 시간을 5분 정도 가질 수 있다. 교실 환경에 따라 조사에 　필요한 도구가 없다면, 선생님이 읽을거리를 준비하여 제공해도 좋다. ② 모둠이 함께 팀이 되는 경우에는, 모둠에 검색 가능한 기기를 제공하여 검색하도록 　해도 좋다. ③ 한 개의 국가가 모든 돈을 내놓을 수도 있고, 십시일반으로 각국이 자금을 모을 수 　있다. 게임의 목표는 바로 문제해결을 위해 세계 여러 나라가 협력해야 한다는 것을 　아는 것이다. ④ 협력해서 문제를 해결하는 과정을 통해 각국이 처한 상황이 다름을 이해하고, 자국의 　이익만을 생각하면 인류 공동의 문제는 해결할 수 없다는 것을 인식하도록 한다. 　더불어, 해결해야 할 문제가 하나가 아니라는 사실도 파악할 수 있게 한다. ⑤ 게임의 승패를 가리는 방법은 다음과 같다. 문제해결을 위한 비용이 마련된 경우에는, 　비용을 적게 지불한 국가일수록 높은 점수(혜택)를 받고, 비용을 많이 지불한 　나라일수록 낮은 점수를 받는다. 반면, 비용을 충분히 마련하지 못해서 문제해결에 　실패한 경우에는, 비용을 적게 지불한 국가일수록 높은 벌점을 받고, 비용을 　많이 지불한 국가일수록 낮은 벌점을 받는다.

| 마무리 | 게임이 끝나면, 개별 승리자 확인과 더불어 참여자 전체의 점수를 합산하고 함께 생각하는 시간을 가진다.

게임 결과 세계(참여자) 전체의 점수가 음의 값인 경우에는, 모든 국가가 자국의 입장과 이익만 생각한 경우에 해당한다. 점수가 양의 값인 경우에는, 모든 국가가 조금씩 양보하여 국제 문제를 해결하는 데 참여했음을 인식하고, 인류 문제 해결을 위해서 각국이 가져야 할 태도에 대해 다시 한번 생각해볼 수 있다. |

과정 및 결과 기록지

학번   이름

1턴 국가명			
국가 정보			
보유 금액			
지출 현황	지출 내역	잔액	점수 및 벌점
합계			

2턴 국가명			
국가 정보			
보유 금액			
지출 현황	지출 내역	잔액	점수 및 벌점
합계			

게임으로 배운 내용을 논술로 써보기

1) 게임에서 다룬 문제 중 한 가지에 대해서 그 문제의 해결 필요성을 서술하시오[200자 내외].

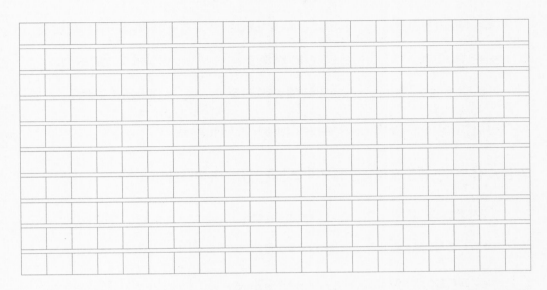

2) 국제사회에서 개별 국가의 입장 및 관계를 제시하고, 인류가 다양한 문제를 극복하고 서로 공존하기 위해서 필요한 태도에 대해서 서술하시오[400자 내외].

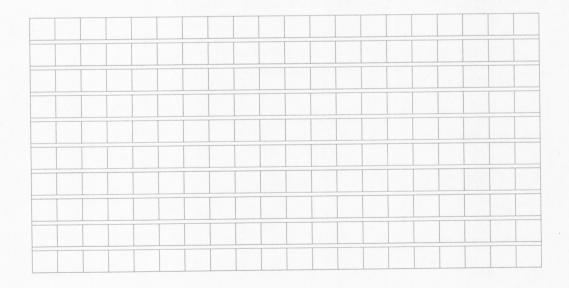

자기-동료-교사 평가

1. 자기 평가에는 다음과 같은 내용을 떠올려 기록합니다.

• 게임 과정에서 잘했던 것.	• 게임 과정에서 내가 좋았던 것.	• 내 재능을 새롭게 발견한 것.
• 새롭게 발견한 것.	• 감동 / 재미있었던 것.	• 미래에 갖고 싶은 직업.
• 더 알고 싶은 것(호기심).	• 친구에게 잘 설명했던 것.	• 어려움을 해결한것.

예) 나는 게임 과정에서 다른 사람의 심리를 잘 파악했다(잘한 것 → 공감 능력, 분석력).

2. 동료 평가에는 활동에 참여한 친구의 모습을 생각하며 기록합니다.

• 친구가 잘했다고 생각하는 것.	• 좋아했다고 생각하는 것.	• 감동하면서 만족했던 것.
• 평소와 다른 행동을 발견한 것.	• 질문을 했던 것.	• 어려움을 극복했던 것.
• 협의하고 타협점을 찾았던 것.	• 친구에게 어울리는 직업	• 상대방에 대한 경청과 배려.

3. 교사 평가는 교사가 게임 과정 중에 발견한 내용을 기록합니다.

- 게임 과정에서 교사가 구체적인 역량 요소를 관찰하여 발견한 경우.
- 게임 과정에서 학생이 교사에게 의미 있는 질문을 했던 것.
- 교사가 정의적인 부분에서 칭찬할 만한 경우.

게임 활동 평가

자기 평가	동료 평가	교사 평가

 평가 루브릭

가. 성취 역량 및 성취 기준

성취 역량	비판적 사고력 : 잘못된 방향으로 생각하는 것을 파악하여 바로잡을 수 있다.
	의사결정력 : 주어진 정보를 정확히 판단하여 합리적 판단을 할 수 있다.
	의사소통 능력 : 목표 달성을 위해서 전달하고자 하는 바를 정확히 발표할 수 있다.
성취 기준	[9사(일사)11-02]국제사회에 존재하는 경쟁과 갈등, 협력의 다양한 모습을 이해하고, 외교 정책을 중심으로 공존 방안을 탐구한다.

나. 논술 쓰기에 대한 분석적 루브릭

평가요소	채점 기준		
세계의 다양한 문제 파악	인류적 차원의 다양한 문제에 대해서 원인과 결과를 정확히 이해하고 제시했다.	인류적 차원의 다양한 문제에 대해서 원인과 결과에 대해서 대략적으로 제시했다.	인류적 차원의 다양한 문제에 대해서 제대로 제시하지 못했다.
	4	2	0
국제사회에서 각국의 특성 이해	국제사회에 존재하는 경쟁과 갈등, 협력의 모습에 대해서 정확히 이해하고 제시했다.	국제사회에 존재하는 경쟁과 갈등, 협력의 모습 중 한 부분만 파악하고 제시했다.	국제사회에 존재하는 다양한 모습을 제대로 파악하지 못했다.
	4	2	0
세계 문제 해결을 위해 필요한 태도	국제사회의 일원으로서 책임감과 공존을 위한 협력적 태도가 필요함을 구체적으로 제시했다.	국제사회에서 공존을 하려면 협력적 태도가 필요함을 대략적으로 제시했다.	국제사회에서 공존을 위해 필요한 태도에 대해서 제대로 제시하지 못했다.
	7	4	1

다. 생활기록부 작성 예시

- '국제사회 공존 게임' 활동에서 자국의 이익을 우선하려는 국제사회의 특성을 파악하고 이를 극복하기 위해 필요한 태도에 대해서 논리적 근거를 들어 발표했음.
- '국제사회 공존 게임' 활동에서 해결하려는 문제를 정확히 이해하고, 의사소통 및 협업 능력을 발휘하여 문제를 해결하는 방향으로 이끌기 위해서 노력했음.
- '국제사회 공존 게임' 활동을 통해서 인류의 다양한 문제에 관심을 가지게 되었고, 이를 해결하기 위한 정치, 경제적 요소에 대해서 고민해보는 기회를 가짐.

활동 자료

게임 준비(모둠별)

1. 세팅
기후카드를 섞어서 더미를 만든다.

2. 시작
1) 모둠별로 가위바위보 결과로 1번 진행자(선 플레이어)를 정한다.
2) 1번 진행자는 오른쪽과 왼쪽 중 플레이 방향을 정한다.
3) 모든 플레이어는 조커 카드를 한 장씩 받는다.

게임 진행

3. 게임(4인 모둠으로 설명함)
1) 1번 진행자는 카드 더미에서 카드를 플레이어 수만큼 오픈하여 펼쳐놓는다.
2) 1번 진행자가 "하나, 둘, 셋!"을 외치면, 모든 플레이어(진행자 포함)는 동시에 원하는 카드를 손으로 가리킨다.
3) 카드를 향한 손이 한 개 있다면, 해당 플레이어가 가져간다. 카드를 향한 손이 두 개 이상 있다면, 가위바위보로 승자가 가져간다. 카드 위에 손이 한 개도 없다면, 그 카드는 다시 더미 아래로 넣어둔다. 진 사람은 카드를 획득하지 못한다.
4) 플레이 방향에 따라 2번 진행자가 카드 더미에서 카드를 플레이어 수만큼 펼쳐놓는다.
5) 2번 진행자는 플레이어들이 카드 선택을 위해 생각할 시간을 30초~1분 정도 준다.
6) 2번 진행자가 "하나, 둘, 셋!"을 외치면, 모든 플레이어는 동시에 원하는 카드를 손으로 가리킨다. 이후는 반복적으로 진행한다.
7) 기후카드를 모두 수집한 플레이어가 있거나, 정해진 턴 또는 시간이 되면 게임을 종료한다. 이때 조커 카드를 원하는 기후 카드로 대체 가능하다.

게임 결과

4. 승리 조건(점수가 높은 사람이 이김)
1) 점수 계산
① 10종류의 기후카드를 모두 모으면 보너스 +10점
② 동일 기후카드의 합산 점수를 짝수로 모으면 각 점수를 더한다(사바나 1점, 3점(짝수 점수) ⋯ +4점).
③ 동일 기후카드의 합산 점수를 홀수로 모으면 각 점수의 합을 뺀다(냉대 1점, 2점, 4점(홀수 점수) ⋯ -7점).

• 수집해야 할 10종류 기후카드

열대우림	건조 스텝
열대 사바나	건조 사막
한대 툰드라	열대 고산
온대 서안해양성	냉대
온대 지중해성	온대 계절풍

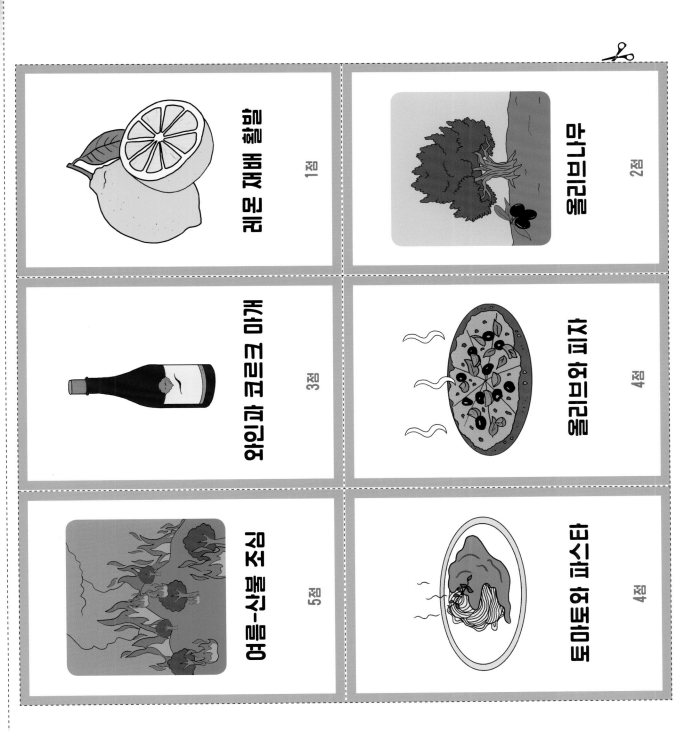

레몬 재배 활발

1점

올리브나무

2점

와인과 코르크 마개

3점

올리브와 피자

4점

여름-산불 조심

5점

토마토와 파스타

4점

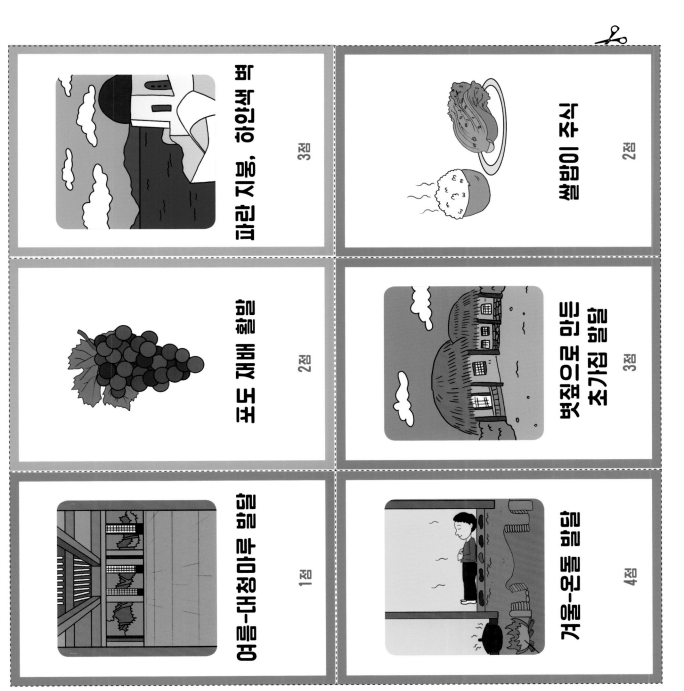

파란 지붕, 하얀색 벽

3점

쌈밥이 주식

2점

포도 재배 활발

2점

벽집으로 만든
초가집 발달

3점

여름-대청마루 발달

1점

겨울-온돌 발달

4점

61

여름이 고온다습
벼농사 발달

3점

김장 및 장류 발달

4점

고른 강수로
운하 발달

1점

건조한 겨울로
감기 발생

2점

여름이 고온다습하여
해수욕 가능

5점

Good!

해가 나면
일광욕 즐김

2점

찾은 비로
방수 트렌치코트

4점

연중 강수가
고르게 내림

3점

화훼와 원예농업
발달

2점

연중 잔디가 잘 자라서
축구하기 유리

5점

유제품,
육류 가공품 발달

4점

낙농업,
혼합농업 발달

3점

햇빛을 막아주는 모자
1점

옥수수가 주식
2점

라마와 알파카를 기름
3점

기후가 온화하여 고대문명 발달
4점

옥수수로 만든 나초
5점

고산도시 발달
4점

마야, 잉카 고대문명 발달

2점

1년 내내 봄 같은 기후

3점

이동식 화전 농업 발달

1점

카사바, 얌, 타로 재배

3점

오후에 스콜 내림

2점

수진 종이 열대 과일

4점

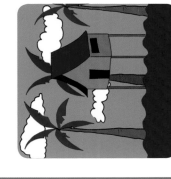

고상가옥과
수상가옥 발달 2점

볶음·튀김 요리
발달 3점

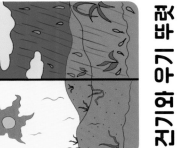

건기와 우기 뚜렷 1점

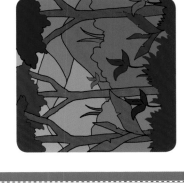

밀림, 정글 발달 4점

사파리 관광 발달에
유리 2점

연중 고온다습 5점

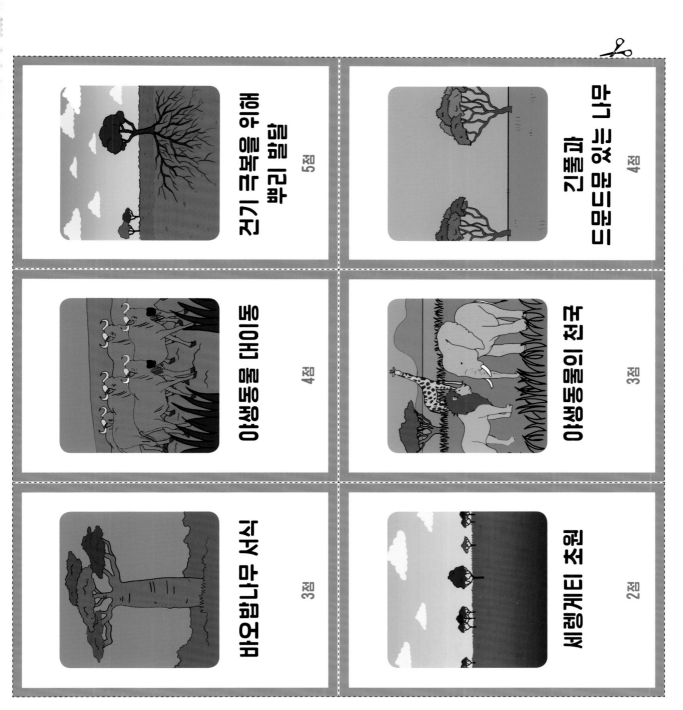

건기 극복을 위해 뿌리 발달
5점

기린과 드문드문 있는 나무
4점

야생동물 대이동
4점

야생동물의 천국
3점

바오밥나무 서식
3점

세렝게티 초원
2점

버섯바위, 샘물석

3점

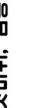

오아시스 농업 발달

4점

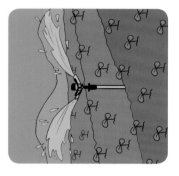

관개농업 발달

2점

흰색으로 온몸을 감싸는 의복

5점

지하수로 공사

1점

낮에는 뜨겁고 밤에는 추움

2점

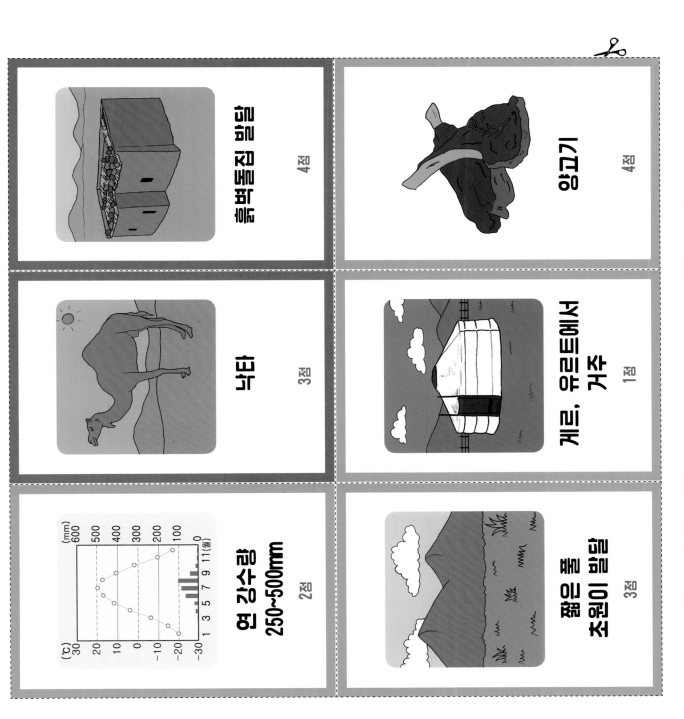

흙벽돌집 발달

4점

양고기

4점

낙타

3점

게르, 유르트에서 거주

1점

연 강수량
250~500mm

2점

짧은 풀
초원이 발달

3점

(mm)
600
500
400
300
200
100
0

1 3 5 7 9 11 (월)

(℃)
30
20
10
0
-10
-20
-30

77

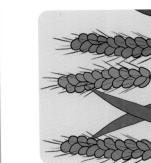

밀농사 발달

3점

양과 같은 가축을
유목

5점

자작나무

3점

중앙 아시아,
사하라 사막 주변

2점

침엽수림
타이가 발달

1점

이동식 가옥에서
거주함

4점

79

긴 겨울, 짧은 여름
2점

사우나 막대
2점

통나무집
4점

제지, 펄프용 목재
5점

귀덮개가 달린
털모자
3점

메이플 시럽
4점

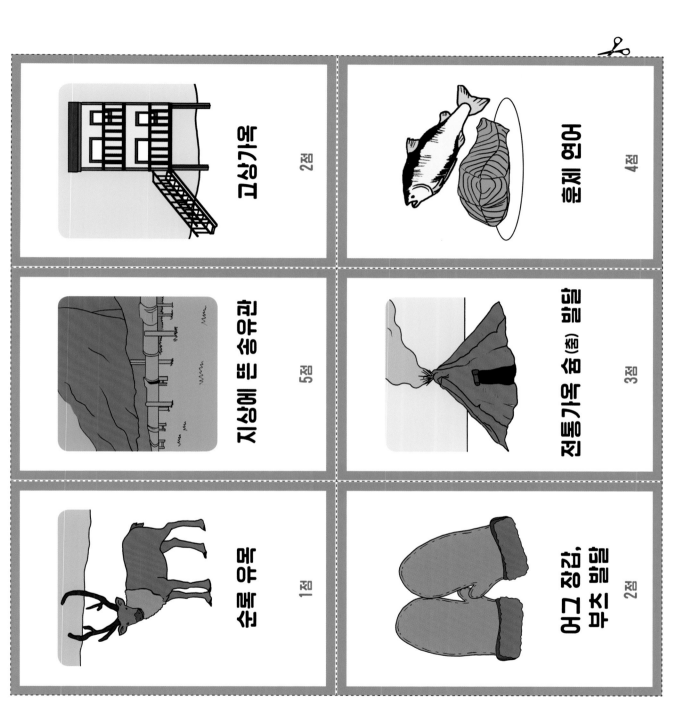

고상가옥

2점

훈제 연어

4점

지상에 뜬 송유관

5점

전통가옥 숨(춤) 만들

3점

순록 유목

1점

어그 장갑, 부츠 만들

2점

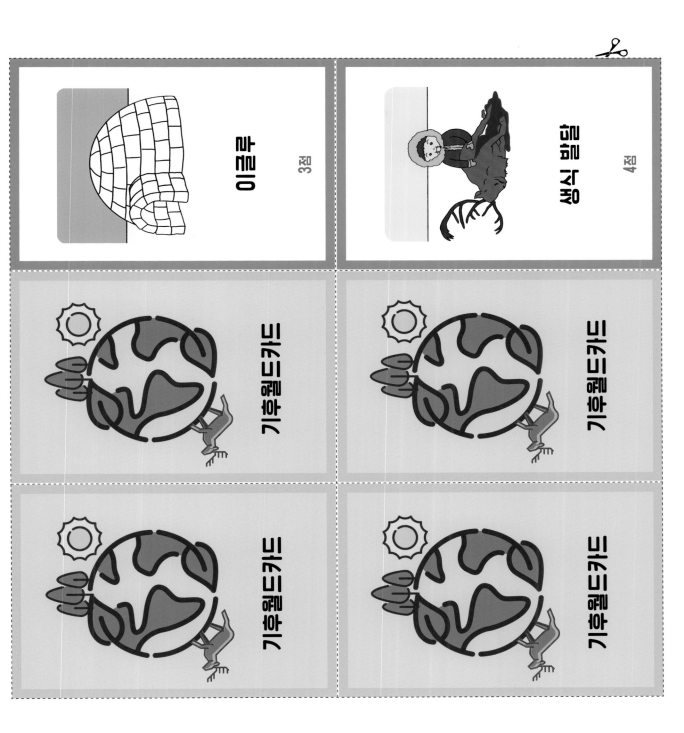

이글루

3점

생식 방법

4점

기후월드카드

기후월드카드

기후월드카드

기후월드카드

기후월드카드

기후월드카드

게임 준비(모둠별)

1. 세팅
게임판을 펼치고, 기후카드를 섞어서 게임판 가운데에 더미를 만든다. 카드가 많으면 더미를 2개 만들어도 된다.

2. 시작
1) 모둠별로 가위바위보 결과로 1번 진행자를 정한다.
2) 1번 진행자는 플레이 방향(오른쪽 또는 왼쪽)을 정한다.

게임 진행

3. 게임(2~6인 동일하게 진행)
1) 플레이어 모두 5장의 카드를 받는다. 남은 카드는 가운데에 더미로 올려놓는다.
2) 자신의 순서에 기후가 동일한 카드를 1장에서 3장까지 선택하여 내려놓는다.
   - 한 번에 최대 3장까지 놓을 수 있다.
   - 손에서 내려놓은 수만큼의 카드를 더미에서 가져와 5장의 카드를 유지한다.
3) 한 기후대에 3장 이상의 카드가 쌓이면 이웃한 카드를 획득할 수 있다.
   플레이어는 본인 순서에서 한 기후대에 3장의 카드가 쌓이면 주사위를 굴린다.
   - 주사위(◀, ▷, X 모양)의 모양에 따라서 다음과 같이 수행한다.
     ◀가 나온 경우, ◀쪽으로 가장 인접한 칸의 카드를 가져온다.
     ▷가 나온 경우, ▷쪽으로 가장 인접한 칸의 카드를 가져온다.
     X가 나온 경우, 카드를 가져갈 수 없다.

- 가져온 카드는 점수용이므로, 바닥에 잘 둔다.
- 손에 든 카드가 5장이 되도록 더미의 카드를 가져와서 채운다.
- 피자판의 한 기후에 놓인 카드가 3장 이상일 경우, 추가로 1장 이상을 내려놓을 때마다 주사위를 굴려서 이웃 카드를 가져갈 수 있다.
4) 게임 종료 조건 : 더미의 카드가 모두 소진되거나, 플레이어 한 사람이라도 카드를 모두 사용하면 게임이 끝난다. 또는 교사가 정한 시간이 되면 멈춘다.

게임 결과

4. 승리 조건
1) 획득한 카드의 뒷면에 적힌 숫자(카드 뒷면에 0, 1, 2 점수 확인)를 더한 것이 점수다.
2) 가장 많은 점수를 획득한 사람이 승리한다.

이동식 화전 농업
밭떼

1년 내내 해수욕

오후에 스콜 내림

잠잘 때 모기장

카사바, 얌,
타로 재배

플랜테이션 농업

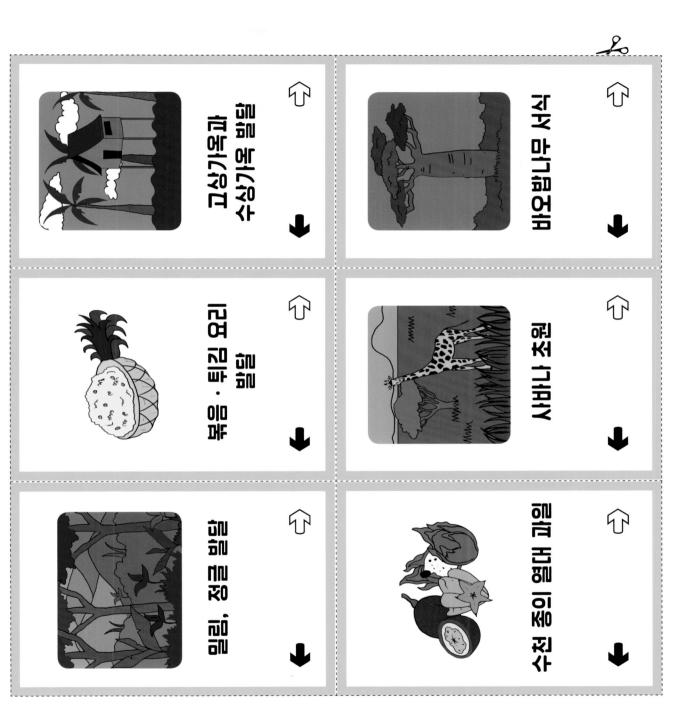

고상가옥과
수상가옥 발달

바오밥나무 서식

볶음 · 튀김 요리
발달

사바나 초원

밀림, 정글 발달

수천 종의 열대 과일

야생동물의 천국

사파리 관광 발달에 유리

야생동물 대이동

얼굴 고운다슴

건기와 우기 뚜렷

카카오

아나콘다 서식

관개농업 발달

가장 추운 달의 평균 기온이 18℃ 이상

버섯바위, 삼릉석

지하수로 공사

오아시스 농업 발달

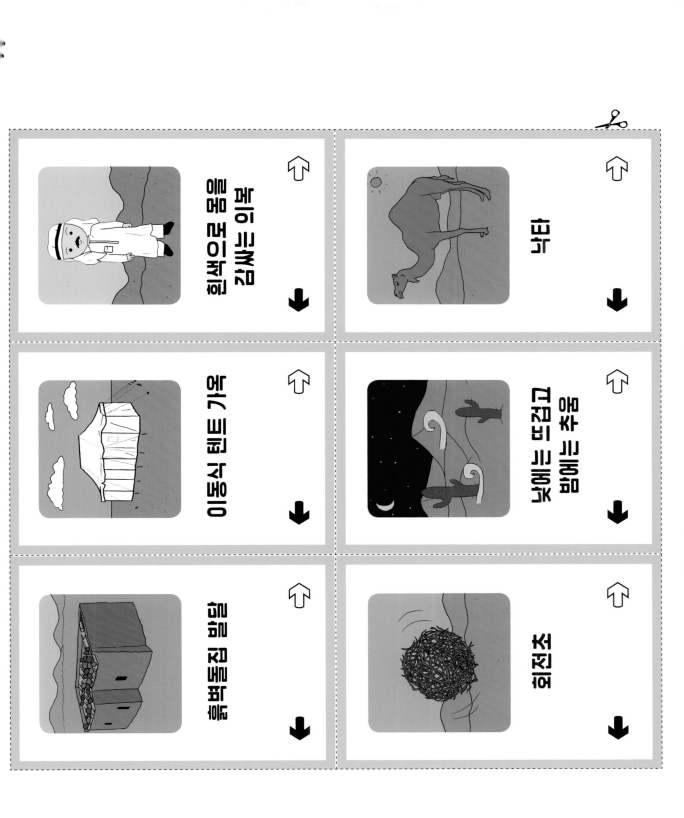

흰색으로 몸을
감싸는 의복

이동식 텐트 가옥

흙벽돌집 발달

낙타

낮에는 뜨겁고
밤에는 추움

회전초

게르, 유르트에서
거주

이동식 가옥에서
거주함

양과 같은
가축들 유목

짧은 풀
초원이 발달

중앙 아시아,
사하라 사막 주변

유목 발달

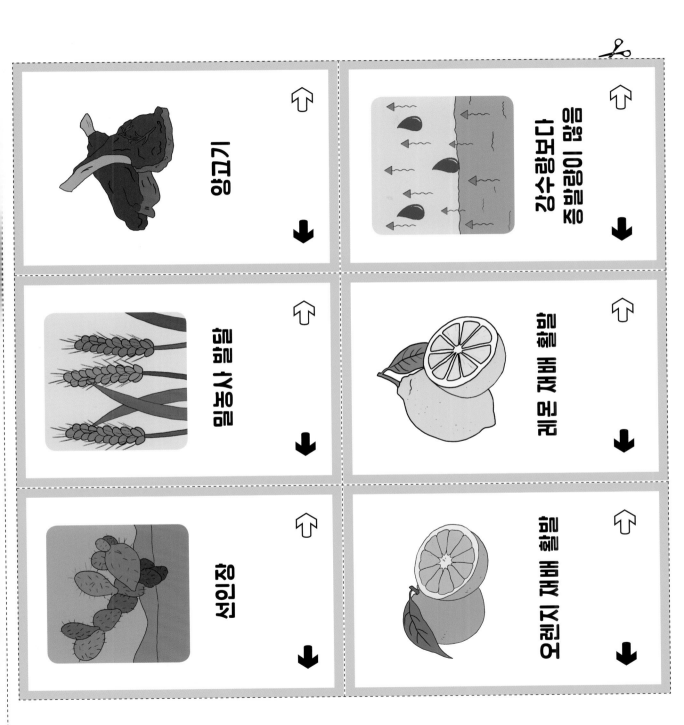

양고기

강수량보다 증발량이 많음

밀 농사 활발

레몬 재배 활발

선인장

오렌지 재배 활발

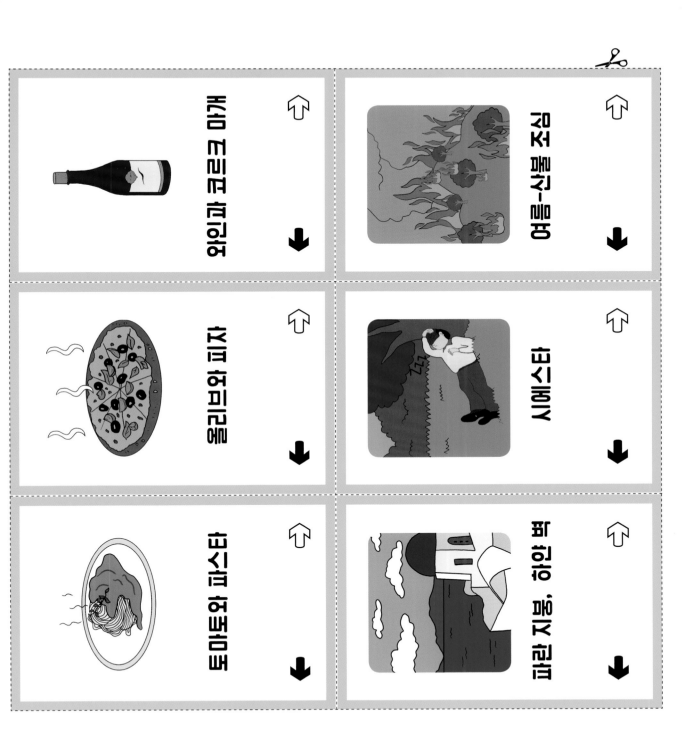

와인과 크림크 마개

여름-산불 조심

올리브와 피자

시에스타

토마토와 파스타

파란 지붕, 하얀 벽

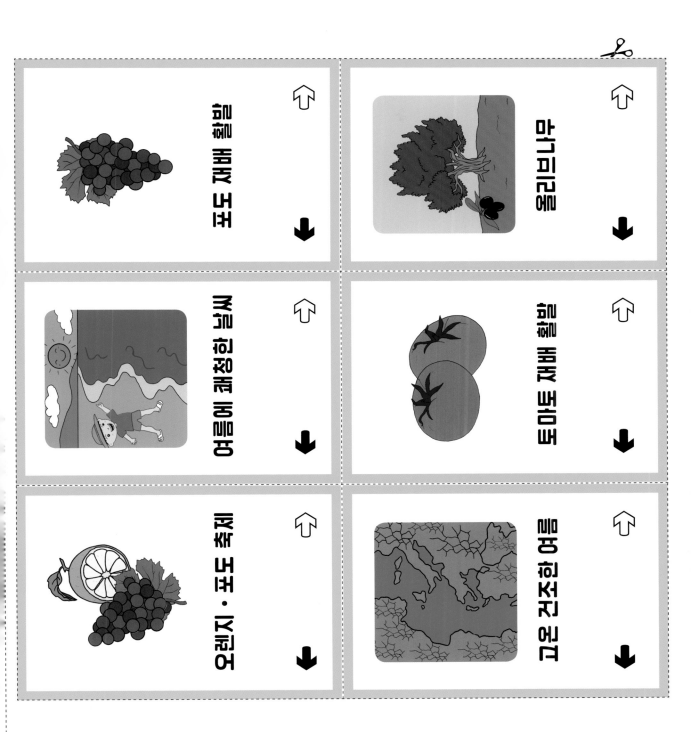

포도 재배 활발

올리브나무

여름에 쾌청한 날씨

토마토 재배 활발

오렌지 · 포도 축제

고온 건조한 여름

111

그늘 아래는 시원함

건조함을 극복하기 위한 뿌리

수목형 발달

지중해 지역에서 주로 나타남

건조함을 견디는 잎과 줄기

겨울은 온난습윤

고른 강수로
운하 발달

유제품
목류가공품 발달

해가 나면
일광욕을 즐김

척박한 땅으로
감자가 주식

낙농업, 혼합농업
발달

연중 잔디가 잘 자라서
축구하기 유리

날씨가 맑으면 굿모닝 인사

찾은 비로 방수 트렌치코트

연중 강수가 고르게 내림

1년 내내 골프

화훼와 원예농업 발달

여름에 서늘

안개가 끼는 날이 많음

곡물·목축 혼합 농업

편서풍과 북대서양 난류의 영향을 받음

흐린 날이 대부분

북서부 유럽에서 주로 나타남

조밀한 인구와 발달된 문화

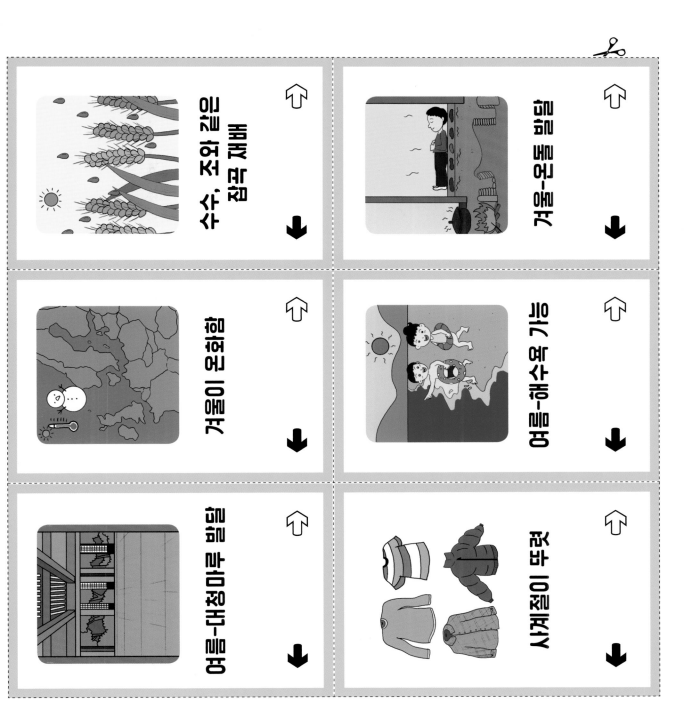

김장 및 장류 발달

볏짚으로 만든 초가집 발달

여름-고온다습 벼농사

쌀밥이 주식

건조한 겨울로 감기 발생

한국, 일본, 중국 동남부에서 주로 나타나는 기후

침엽수림
타이가 발달

메이플 시럽

통나무집

제지, 펄프용 목재

귀덮개가 달린
털모자

사우나 발달

125

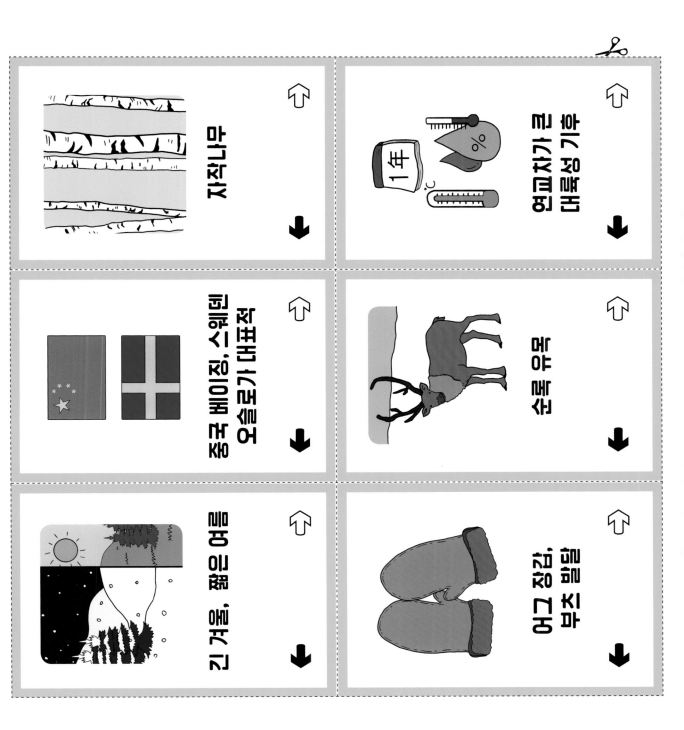

자작나무

연교차가 큰 대륙성 기후

중국 베이징, 스웨덴 오슬로가 대표적

순록 유목

긴 겨울, 짧은 여름

여그 장갑, 부츠 털말

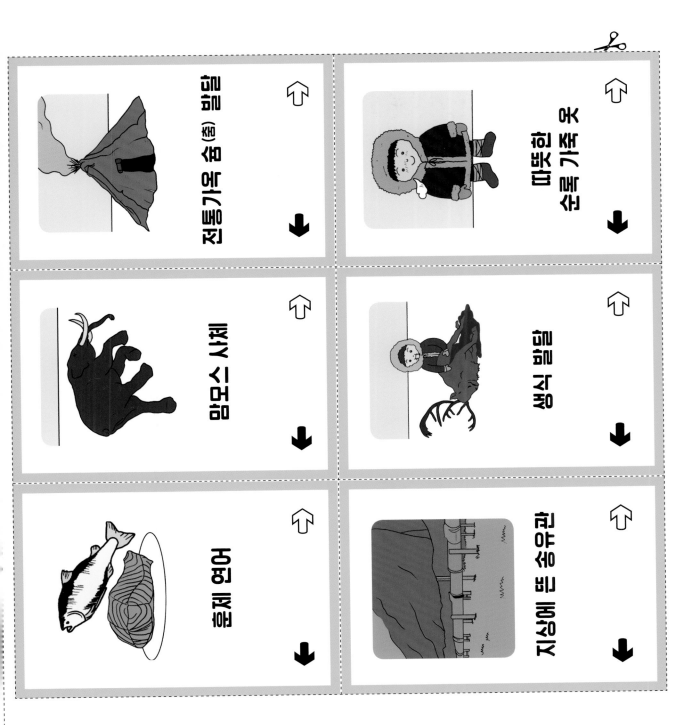

전통가옥 숨(솜) 말림

따뜻한 순록가죽 옷

맘모스 사체

생식 말림

훈제 연어

지상에 뜬 송유관

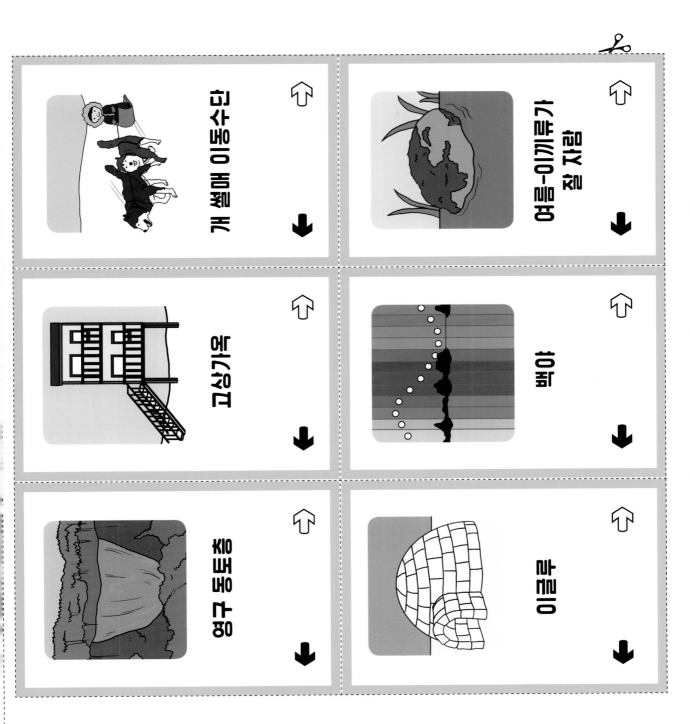

개 썰매 이동수단

여름-이끼류가 잘 자람

고상가옥

빙하

영구 동토층

이글루

추워서 나무가
자라지 않음
(툰드라 기후)

이누이트 거주

북극해 주변
그린란드 해안

극지방 물개 사냥

오로라

알래스카

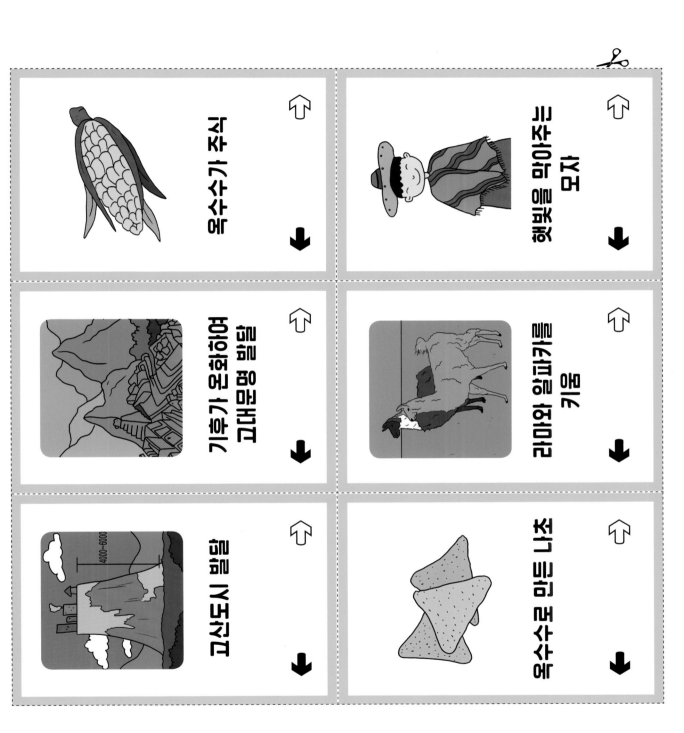

옥수수가 주식

햇빛을 막아주는
모자

기후가 온화하여
고대문명 발달

라마와 알파카를
기름

고산도시 발달

옥수수로 만든 나초

135

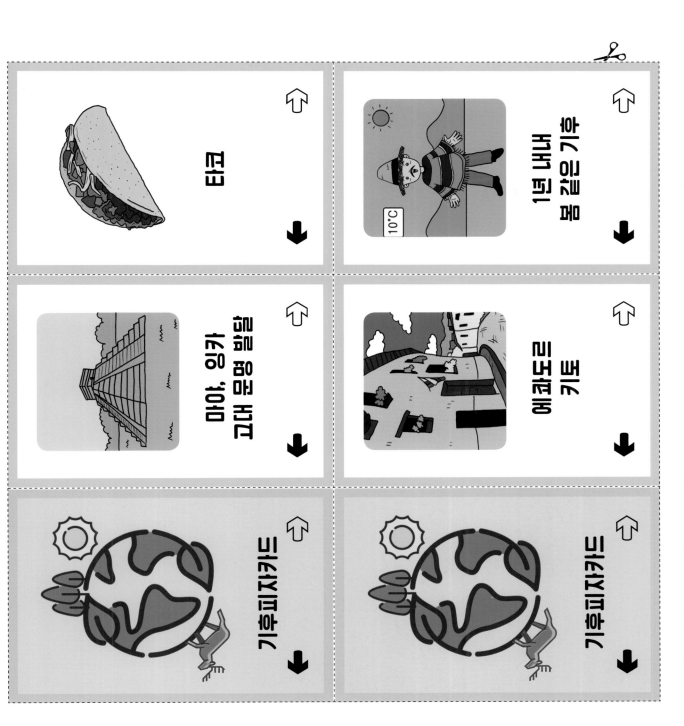

타코

1년 내내
봄 같은 기후

마야, 잉카
고대 문명 발달

에콰도르
키토

기후피자카드

기후피자카드

137

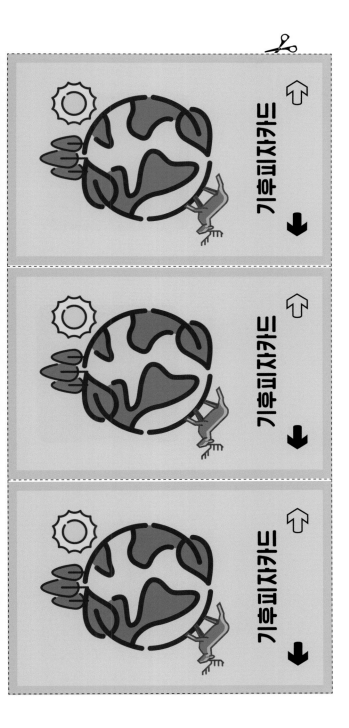

기후피자카드

기후피자카드

기후피자카드

게임 준비(모둠별)

1. 세팅

4~5인 또는 6~9인이 한 팀이 되어 모둠을 구성한다.(4~5인의 경우 〈세계문제 카드〉 해결 비용의 1/2을 반올림하여 적용)

2. 시작

1) 각 모둠은 진행자 1인을 선출한다.
2) 나머지는 국가 카드를 한 장씩 선택하고, 그 나라의 대표가 된다(진행자는 국가 카드를 펼칠 때 앞면의 국기가 보이도록 놓고, 선택된 카드는 각국 대표에게 주고, 이외의 카드는 모두 거둬들인다).
3) 진행자는 대표들에게 그 나라의 경제 규모를 확인하도록 안내한다(나라의 경제 규모는 국가 카드 뒷면에 있다).

게임 진행

3. 게임(6~9인 기준)

1) 진행자는 세계 문제 카드 더미에서 한 장을 뽑고, 플레이어인 각국 대표자 모두에게 그 문제와 문제해결에 필요한 비용을 설명한다.
2) 각국 대표는 현재 문제를 해결하는 데 지불할 금액을 정한다.
   - 1회전에서 총 3문제를 해결할 예정이므로, 가진 자본을 적절히 분배해서 사용한다.
   - 지불 의사가 없을 경우 돈을 내지 않아도 된다(해결할 의사가 없거나, 국가에 돈이 없을 수 있다).
   - 다른 국가가 알지 못하도록 비밀리에 백지수표를 작성하여 진행자에 제출한다.
3) 진행자가 백지수표를 개봉하고 문제를 해결할 자금이 모였는지 확인한다. 문제해결에 필요한 자금 이상이 모이는 경우 성공, 그렇지 않다면 실패하게 된다.
4) 진행자는 '진행용 점수 및 벌점표'를 바탕으로 상벌을 준다.
   성공 시 : ① 적은 비용을 낸 국가가 더 높은 보상 점수를 받음.
   ② 같은 비용을 지불한 경우 보유자본이 적을수록 더 높은 보상 점수를 받음
   실패 시 : ① 적은 비용을 낸 국가가 더 많은 벌점을 부여 받음.
   ② 같은 비용을 지불한 경우 보유자본이 적을수록 더 많은 벌점을 받음.
5) 나머지 두 문제도 동일한 방식으로 진행한 후에 점수와 벌점을 계산한다(1회전에 총 3종류의 문제 해결에 도전한다).
6) 1회전이 끝나면, 국가를 새로 선택하고 동일한 방식으로 2회전까지 진행한다.

게임 결과

4. 승리

보상 점수와 벌점을 합산한 점수가 가장 높은 국가가 우승한다. 단, 참가자 전체가 한 종류의 문제도 해결하지 못한 경우 보상은 없다(합산 점수가 동일할 경우 남은 자본이 많은 팀이 승리한다).

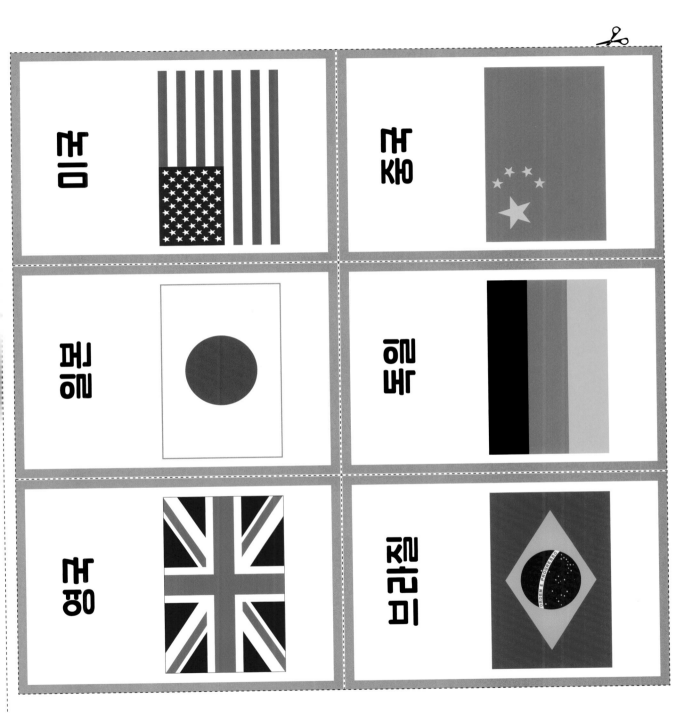

미국

중국

일본

독일

영국

브라질

보유 자문 29

보유 자문 30

보유 자문 27

보유 자문 28

보유 자문 26

보유 자문 20

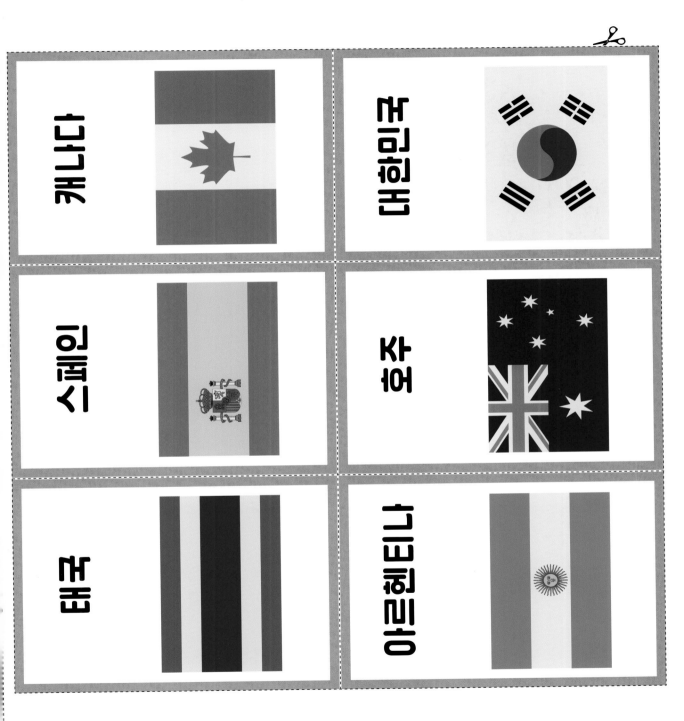

캐나다

대한민국

스페인

호주

태국

아르헨티나

보유 지문 19

보유 지문 18

보유 지문 17

보유 지문 16

보유 지문 12

보유 지문 11

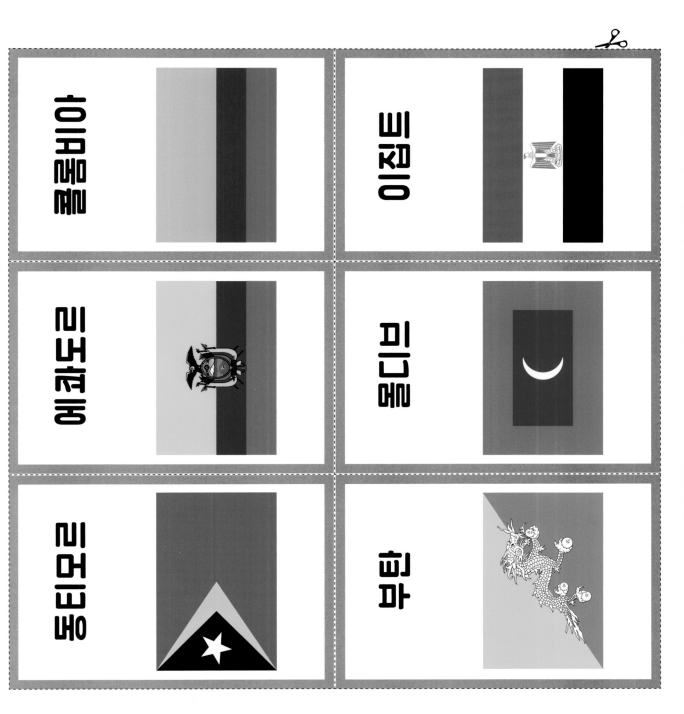

콜롬비아

이집트

에콰도르

몰디브

동티모르

부탄

147

보유 자본 10

보유 자본 9

보유 자본 8

보유 자본 6

보유 자본 5

보유 자본 4

나우루

투발루

열대우림 파괴 문제

지나친 벌목과 농경 및 목축을 위한 개간 등으로 동식물이 서식지인 열대우림이 파괴되고 있다.

사막화 문제

오랜 가뭄과 지나친 개발 등으로 숲이 사라지고, 토지가 사막으로 변하고 있다.

플라스틱 아일랜드

바다에 버린 쓰레기로 인해 '플라스틱 아일랜드'라고 부르는 쓰레기 섬이 생겨나고 있다.

오존층 파괴 문제

산업화로 인해 생물에 유해한 자외선을 흡수하는 오존층이 파괴되고 있다.

보유 자본
2

보유 자본
3

해결 비용
16

해결 비용
24

해결 비용
12

해결 비용
20

우주 쓰레기 문제

우주를 개발하기 위해 인간이 쏘아 올린 인공물이 우주 공간을 떠돌다가 제 역할을 마친 후 그대로 버려져서 지구 주변을 둘러싸고 있다.

미세먼지 문제

각국의 산업화와 환경 파괴로 인해 미세먼지가 증가함에 따라 인류의 건강을 위협하고 있다.

산성비 문제

대기오염 물질이 대기 중의 수증기와 만나 황산이나 질산으로 변하면서 비에 흡수되어 내리고 있다.

핵 확산 문제

핵 확산 금지조약(NPT)을 위반하고 핵무기를 개발함으로써 세계 평화를 위협하고 있다.

지구 온난화 문제

온실가스로 인해 지구의 평균 기온이 점점 높아지고 있다.

난민 문제

인종·종교·사상·정치 등의 이유로 자신의 나라를 떠나서 새로운 삶의 터전을 찾아야 하는 사람들을 수용하는 문제를 둘러싸고 갈등이 심각하다.

해결 비율 12

해결 비율 14

해결 비율 9

해결 비율 18

해결 비율 30

해결 비율 21

불평등 문제

개인과 개인, 사회와 사회 간 소득, 성별, 인종, 나이, 종교 등의 차이로 인한 불평등 문제가 인간의 존엄성을 침해하고 사회적 분열을 일으키고 있다.

다문화 문제

각기 다른 인종이 한 문화 안에 공존하여 사회를 이루는 가운데, 서로의 문화가 다르고 피부색이 다르다는 이유로 차별 등의 문제가 발생하고 있다.

영토 분쟁 문제

국가 사이의 영유권 문제로 인해 정치적·군사적 분쟁이 발생하고 있다.

자원 고갈 문제

지하자원의 매장량은 제한적이나 자원 소비는 증가하고 대체 자원은 찾기 어렵기 때문에 자원 부족 현상이 일어나고 있다.

종교 갈등 문제

개인이나 집단이 서로 종교적 이념이 다르다는 이유로 서로를 적대시하거나 충돌하는 문제가 발생하고 있다.

인종 차별 문제

자신과 다른 인종에 대해 부정적인 태도를 보이면서 부당하게 차별하는 사회적 문제가 발생하고 있다.

해결 비용 13

해결 비용 28

해결 비용 23

해결 비용 15

해결 비용 11

해결 비용 12

진행자용 점수 및 벌점표

지구 온난화 문제

해결 비용: 30

성공 시

1등	15
2등	10
3등	9
4등	8
5등 이하	5

실패 시

1등	-15
2등	-13
3등	-10
4등	-5
5등 이하	-1

열대우림 파괴

해결 비용: 24

성공 시

1등	12
2등	6
3등	3
4등	2
5등 이하	1

실패 시

1등	-12
2등	-6
3등	-3
4등	-2
5등 이하	-1

사막화

해결 비용: 16

성공 시

1등	6
2등	4
3등	3
4등	2
5등 이하	1

실패 시

1등	-6
2등	-4
3등	-3
4등	-2
5등 이하	-1

플라스틱 아일랜드

해결 비용: 20

성공 시

1등	18
2등	14
3등	10
4등	6
5등 이하	2

실패 시

1등	-15
2등	-14
3등	-13
4등	-12
5등 이하	-10

오존층 파괴

해결 비용: 12

성공 시

1등	9
2등	6
3등	3
4등	2
5등 이하	1

실패 시

1등	-9
2등	-6
3등	-3
4등	-2
5등 이하	-1

산성비

해결 비용: 9

성공 시

1등	8
2등	1
3등	1
4등	1
5등 이하	1

실패 시

1등	-9
2등	-8
3등	-7
4등	-2
5등 이하	-1

우주 쓰레기 문제

해결 비용: 12

성공 시

1등	8
2등	4
3등	2
4등	1
5등 이하	1

실패 시

1등	-8
2등	-4
3등	-2
4등	-1
5등 이하	0

미세먼지 문제

해결 비용: 14

성공 시

1등	8
2등	7
3등	6
4등	5
5등 이하	4

실패 시

1등	-8
2등	-8
3등	-5
4등	-5
5등 이하	-1

종교 갈등 문제

해결 비용: 12

성공 시

1등	8
2등	4
3등	0
4등	0
5등 이하	0

실패 시

1등	-9
2등	-3
3등	-2
4등	-1
5등 이하	-1

인종 차별 문제

해결 비용: 11

성공 시

1등	7
2등	3
3등	1
4등	0
5등 이하	0

실패 시

1등	-5
2등	-4
3등	-2
4등	-1
5등 이하	0

난민 문제

해결 비용: 21

성공 시

1등	12
2등	10
3등	8
4등	6
5등 이하	4

실패 시

1등	-12
2등	-9
3등	-6
4등	-3
5등 이하	-1

핵 확산 문제

해결 비용: 18

성공 시

1등	10
2등	4
3등	3
4등	2
5등 이하	1

실패 시

1등	-9
2등	-8
3등	-6
4등	-2
5등 이하	-1

다문화 문제

해결 비용: 13

성공 시

1등	8
2등	3
3등	2
4등	0
5등 이하	0

실패 시

1등	-10
2등	-2
3등	-1
4등	0
5등 이하	0

불평등 문제

해결 비용: 28

성공 시

1등	12
2등	10
3등	6
4등	2
5등 이하	1

실패 시

1등	-10
2등	-8
3등	-5
4등	-3
5등 이하	-1

영토 분쟁 문제

해결 비용: 15

성공 시

1등	12
2등	10
3등	8
4등	6
5등 이하	4

실패 시

1등	-12
2등	-10
3등	-8
4등	-6
5등 이하	-4

자원 고갈 문제

해결 비용: 23

성공 시

1등	12
2등	10
3등	8
4등	6
5등 이하	4

실패 시

1등	-12
2등	-10
3등	-8
4등	-6
5등 이하	-4

백지수표

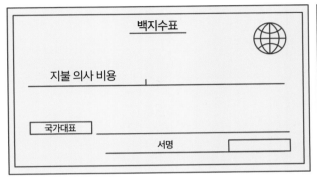

백지수표

지불 의사 비용

국가대표

서명

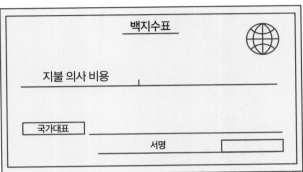

백지수표

지불 의사 비용

국가대표

서명

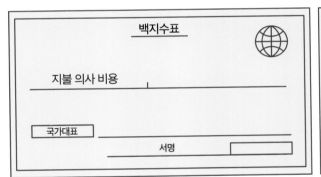

백지수표

지불 의사 비용

국가대표

서명

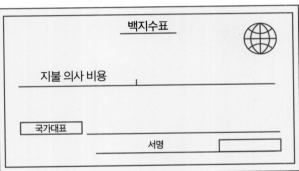

백지수표

지불 의사 비용

국가대표

서명

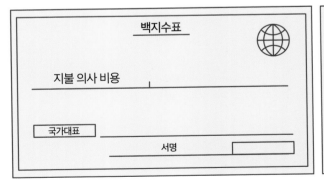

백지수표

지불 의사 비용

국가대표

서명

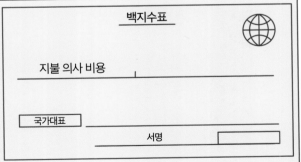

백지수표

지불 의사 비용

국가대표

서명

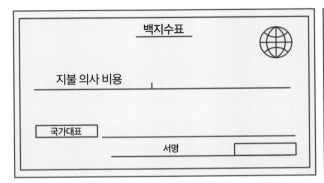

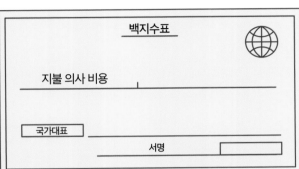

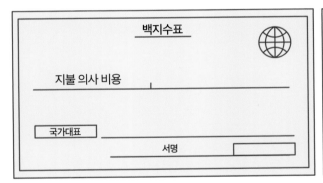

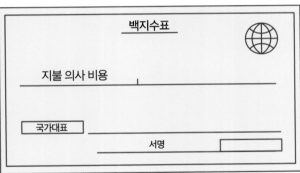

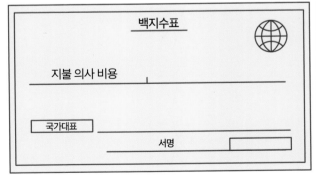

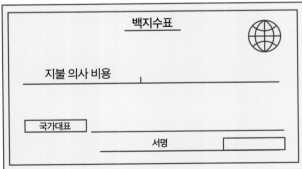

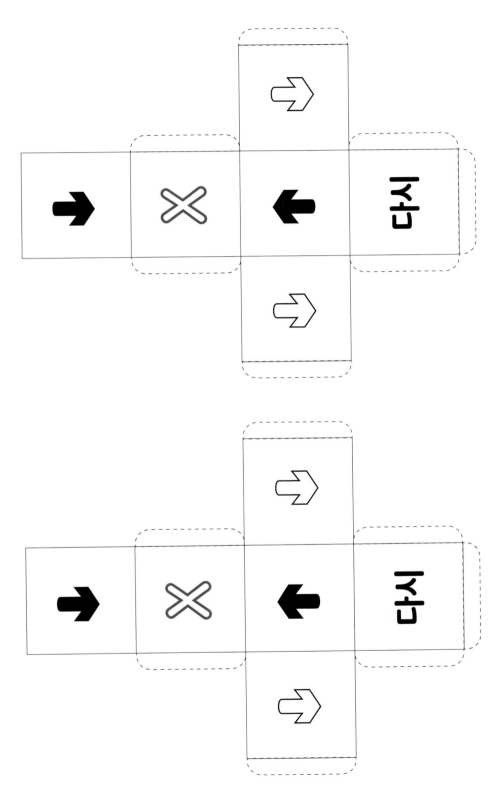

기후월드
카드

기후피자
카드

세계국가
카드

세계문제
카드